BASIC DAILY KOREAN 2

저자 **권민지, 김소현, 이소현**   감수 **허용**

한글파크

머리말

<Basic Daily Korean 2>는 현재 대학의 한국어 교육 실정을 충분히 반영한 초급 단계의 외국인 학부생, 교환학생, 대학원생을 대상으로 한 통합형 한국어 교재입니다. <Basic Daily Korean 1>의 다음 단계의 교재로, 실생활에서 접할 수 있는 상황에 맞는 대화문과 활동으로 이루어져 있습니다. 한 학기 동안 학습자들이 재미있고 즐겁게 학습 내용과 활동을 수행할 수 있도록 구성되어 있습니다.

이 교재는 집필진의 풍부한 학부 수업 경험을 바탕으로 학습자들의 요구를 적극 반영하였고 실제적으로 학습자들에게 가장 필요하고 유용한 주제와 내용을 선정하여 집필하였습니다. 또한 학습자의 수준과 현재의 교육 상황을 충분히 고려하여 각 과의 해당 주제와 내용에 맞게 실제 한국 사람들이 많이 사용하는 어휘, 문법, 표현을 담았습니다.

이 책의 특징은 다음과 같습니다.
첫째, 이 교재는 학습자 중심의 여러 언어 기능이 통합된 말하기 활동들로 구성되어 있습니다. 다양하고 풍부한 학습활동으로 별도의 워크북이나 보충 자료 없이 이 교재 한 권만으로도 학습이 가능합니다.
둘째, 이 교재에서는 학습자들이 문법과 표현을 쉽게 접근하여 익힐 수 있도록 학습 내용을 시각화하였습니다.
셋째, 이 교재는 필수 어휘뿐만 아니라 최근 한국의 사회 문화적 변화를 반영한 고빈도 단어 중에서 초급 학습자들에게 필요한 실용적인 단어들을 엄선하여 수록하였습니다.
넷째, 이 교재는 자가 점검 및 메타 인지를 활용하여 학습 효과를 최대한으로 끌어올릴 수 있도록 하였습니다.
마지막으로 이 교재는 기초 단계에 필요한 학습 내용들이 단계적이고 체계적으로 구성되어 있어 한국어를 처음 가르치는 초보 교수자도 큰 어려움 없이 가르칠 수 있습니다.

이 책을 완성하기까지 즐거운 경험의 연속이었습니다. 장시간 열정적인 토론과 논의를 통해 알찬 결실을 맺을 수 있었습니다. 한국어 학습자들에게 도움을 줄 수 있어 집필자들도 기쁩니다.
본 교재를 꼼꼼히 감수해 주신 한국외국어대학교의 허용 교수님, 그리고 깔끔한 편집과 원활한 소통으로 교재의 완성도를 높여 주신 한글파크 관계자들께 특별히 감사의 마음을 전합니다.

집필진 일동

일러두기

<Basic Daily Korean 2>는 1~10과로 구성되어 있다. '어휘 → 문법 → 연습 → 듣기 → 말하기 → 활동 → 자가 점검'의 순으로 구성되어 있다.
실생활에서 가장 많이 접할 수 있는 상황들로 단원을 구성하였다.

단원 표지

삽화의 내용 추측과 교사의 질문으로 해당 단원의 학습 내용을 알 수 있도록 하였다.

학습 목표를 분명하게 제시하였다.

PART1 어휘

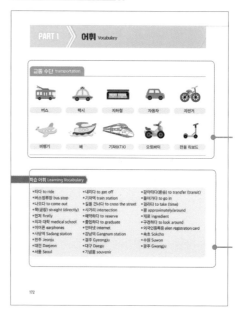

어휘는 주제별 기본 어휘를 바탕으로 학생들의 이해를 돕기 위한 사진과 그림을 제시하였다.

학습 어휘는 주제별 단어를 제외한 해당 과 학습에 필요한 단어와 표현을 제시하였다.

PART2 문법

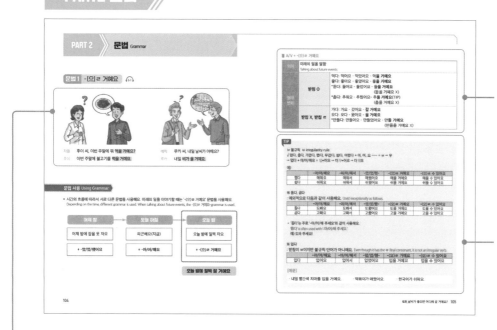

문법은 의미와 형태를 표로 정리하여 문법 정보를 쉽게 이해할 수 있도록 하였다.

학생들의 문법 오류를 방지하고자 TIP으로 해당 문법의 특이사항 및 유의점을 자세히 제시하였다.

모든 문법은 대화문으로 제시하여 해당 문법이 어떤 상황에 사용되는지를 알 수 있도록 하였다.

4

PART3 연습

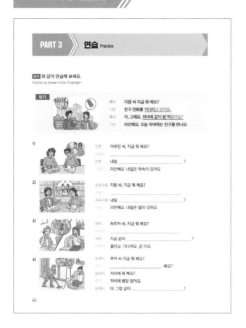

실제 사용을 위해 대화문 속에 알맞은 문법을 정확히 사용하여 연습할 수 있는 문제들로 구성하였다.

PART4 듣기

일상에서 사용하는 자연스러운 대화들로 해당 과의 학습 내용을 다시 한 번 확인할 수 있도록 지문과 문제들을 구성하였다.

PART5 말하기

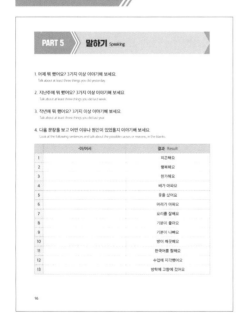

해당 과에서 배운 문법과 어휘를 사용하여 실제 상황에 적용할 수 있는 말하기 활동들로 구성하였다.

PART6 활동

해당 과에서 학습한 내용을 바탕으로 학생들의 상호 작용을 극대화할 수 있는 통합적인 활동들로 이루어져 있다.

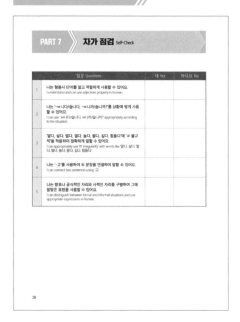

학습자가 해당 과의 학습 목표를 잘 성취하였는지
스스로 확인할 수 있게 하였다.

듣기 지문

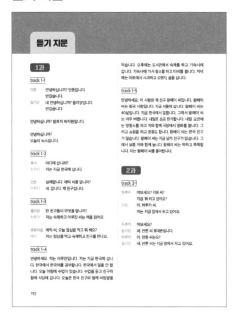

각 과의 듣기 지문을 제공하였다.

어휘 색인

해당 과의 어휘를 번역과 함께 제시하였다.

목차

교재 구성표

과 Lesson	제목 Title	문법 및 표현 Grammar & Expressions	어휘 Vocabulary	상황(기능) Situation(Function)
1	안녕하십니까?	-ㅂ니다/습니다 ㄹ 불규칙	형용사	공식적인 말하기
2	언제 만날까요?	-고 있다 -(으)ㄹ까요?	착용 동사	현재 진행 말하기 제안하기
3	화장실에 가도 돼요?	-아/어/해도 되다 -고 싶다	일상 생활	승낙, 허락 구하기
4	오늘 같이 노래방에 갈 수 있어요?	-(으)ㄹ 수 있다/없다 못 -아/어/해 주세요	취미	능력 / 가능성 말하기 부정 표현 말하기 요청하기
5	어제 뭐 했어요?	-았/었/했- -아/어/해서(1)	달력 시간 표현	과거 표현하기 이유 설명하기
6	날씨가 좋으면 어디에 갈 거예요?	-(으)ㄹ 거예요 -(으)면 -아/어/해서(2)	계절 날씨	미래 표현하기 가정, 조건 말하기 순서 말하기

1과
Lesson 1

반갑습니다.

Nice to meet you.

- 발표할 때 쓰는 말과 친구와 이야기할 때 쓰는 말이 같아요?
  Is it the same as the words you use to present and the words you use to talk to your friends?

- 오늘 여러분의 기분은 어때요? How are you feeling today?

학습 목표 Learning Objectives

1. '-ㅂ니다/습니다'를 사용하여 자기소개를 할 수 있어요.

   I can introduce myself using '-ㅂ니다/습니다'.

2. 상황에 맞게 '-아요/-어요/-해요'와 '-ㅂ니다/습니다'를 구별하여 사용할 수 있어요.

   I can distinguish between '-아요/-어요/-해요' and '-ㅂ니다/습니다' and use them appropriately according to the situation.

3. 'ㄹ 불규칙'을 활용하여 정확하게 말할 수 있어요.

   I can use 'ㄹ irregularity rule' appropriately.

4. '-고'를 사용하여 두 문장을 연결하여 말할 수 있어요.

   I can use '-고' to connect two sentences.

5. 공식적인 자리와 사적인 자리를 구별하여 그에 알맞은 표현을 사용하여 말할 수 있어요.

   I can distinguish between formal and informal situations and use appropriate expressions in Korean.

형용사 adjectives

좋다

나쁘다

괜찮다

피곤하다

예쁘다

귀엽다

멋있다

심심하다

바쁘다

한가하다

행복하다

똑똑하다

쉽다

어렵다

중요하다

힘들다

슬프다

기쁘다

길다

짧다

싸다

비싸다

깨끗하다

더럽다

재미있다

재미없다

가깝다

멀다

크다

작다

많다

적다

높다

낮다

넓다

좁다

뚱뚱하다

날씬하다

맛있다

맛없다

학습 어휘 Learning Vocabulary

- 회의 meeting
- 창문 window
- 놀다 to play
- 필요하다 to need

- 발표 presentation
- 열다 to open
- 팔다 to sell
- 성공하다 to succeed

- 보통 usually
- 만들다 to make
- 무슨 what

TIP

'필요하다'는 한국어에서 동사가 아니라 형용사예요. 목적어와 함께 사용하지 않아요.
'필요하다' is an adjective in Korean, not a verb. It is not used with the object.

[예문]

· I need a computer. 나는 컴퓨터가 필요해요.(O)   나는 컴퓨터를 필요해요.(X)

연습 Practice

다음 형용사의 반대 의미를 찾아 연결하세요.

Find and connect the opposites of the following adjectives.

① 좋다 ●

② 덥다 ●

③ 싸다 ●

④ 길다 ●

⑤ 멀다 ●

⑥ 크다 ●

⑦ 많다 ●

⑧ 어렵다 ●

⑨ 깨끗하다 ●

● 짧다

● 춥다

● 나쁘다

● 비싸다

● 가깝다

● 더럽다

● 작다

● 적다

● 쉽다

문법 1 -ㅂ니다/습니다, -ㅂ니까/습니까? 🎧 1-1

허지원

안톤   안녕하십니까? 안톤입니다.
       반갑습니다.
줄리앙 네 안녕하십니까?
       줄리앙입니다.
       반갑습니다.

안녕하십니까?
발표자 허지원입니다.

안녕하십니까?
오늘의 뉴스입니다.

문법 사용 Using Grammar

- '-ㅂ니다/습니다'는 처음 만나는 사이, 발표와 같은 공식적인 자리에서 사용되는 말이에요.
  '-ㅂ니다/습니다' is used in formal situations like first meetings or presentations.
- 의문 표현은 '-ㅂ니까/습니까?'로 사용해요.
  Questions are expressed with '-ㅂ니까/습니까?'.

■ -ㅂ니다/습니다, -ㅂ니까/습니까?

의미	'-ㅂ니다/습니다'는 처음 만나는 사이, 발표와 같은 공식적인 자리에서 사용되는 말, 의문 표현은 '-ㅂ니까/습니까?'로 사용 '-ㅂ니다/습니다' is used in formal situations like first meetings or presentations, and questions are expressed with '-ㅂ니까/습니까?'.			
형태 변화	받침 O	먹다 - 먹습니다 - 먹습니까? 없다 - 없습니다 - 없습니까?	받침 X, 받침 ㄹ	가다 - 갑니다 - 갑니까? 살다 - 삽니다 - 삽니까?

[예문]

· 줄리앙: 퓨퓨아웅 씨는 지금 뭐 합니까?   · 허지원: 이름이 무엇입니까?
  퓨퓨아웅: 저는 지금 밥을 먹습니다.   안톤: 저는 안톤입니다.

표에 쓰세요. Write it in the table.

단어	-ㅂ니다/습니다	-ㅂ니까/습니까?	단어	-ㅂ니다/습니다	-ㅂ니까/습니까?
가다	갑니다	갑니까?	없다		
보다			많다		
먹다			싫다		
좋다			재미있다		
괜찮다			좋아하다		
어렵다			필요하다		
쉽다			중요하다		

TIP

좋다[조타], 괜찮다[괜찬타], 많다[만타], 싫다[실타]

TIP

한국어는 상황이나 상대에 따라 사용하는 말이 달라요. 발표와 같은 공식적인 자리에서는 '-ㅂ니다/습니다'를 사용해요. '-아요/어요/해요'는 일반적으로 모든 상황에 사용할 수 있어요. '아/어/해'는 같은 나이, 친한 친구 사이에서 사용하거나 어른이 아이들에게 사용할 수 있어요.

Korean has different levels of speech depending on the situation or the person being spoken to. Honorifics like '-ㅂ니다/습니다' are used in formal situations like presentations, general forms like '-아요/-어요/-해요' can be used broadly, and '-아/-어/-해' is used between friends of the same age or by adults to children.

아/어(반말)	-아요/어요/해요	-ㅂ니다/습니다(높임말, 공식적)

낮춤 ◀————————— 높임의 정도 —————————▶ 높임

[예문]

· 미안하다 : 미안해 → 미안해요 → 미안합니다

보기 와 같이 말하세요.
Speak as shown in the <Example>.

보기

안녕하세요.
저는 허지원이에요.
저는 한국 사람이에요.
저는 음악을 좋아해요.
그래서 음악을 많이 들어요.
만나서 반가워요.

➡

안녕하십니까?
저는 허지원입니다
저는 한국 사람입니다.
저는 음악을 좋아합니다.
그래서 음악을 많이 듣습니다.
만나서 반갑습니다.

1)

안녕하세요. 발표자 하루카예요.

 _____

2)

내일은 5월 5일 어린이날이에요.

 _____

수업이 없어요.

 _____

3)

지금 인터뷰 시작합니다.

기자	줄리앙 씨는 지금 어디에 (살다)	?
줄리앙	저는 (서울에 살다)	.
기자	줄리앙 씨는 한국에서 무엇을 (하다)	?
줄리앙	저는 한국에서 (한국어를 공부하다)	.
기자	한국에서 한국 친구가 (많다)	?
줄리앙	네 지금은 한국 친구가 (많다)	?
기자	한국 생활이 (재미있다)	?
줄리앙	네, (재미있다)	.

TIP

1권 10과에 있어요. Located in Volume 1, Lesson 10.

'듣다(To listen), 걷다(to walk), 묻다(to ask)'는 '-어요'와 결합할 때 조금 다른 모습으로 바뀌어요.
'듣다 (to listen), 걷다 (to walk), 묻다 (to ask)' change when combined with '-어요'.

듣다 → 들어요 / 걷다 → 걸어요 / 묻다 → 물어요 모두 'ㄷ'이 'ㄹ'로 바뀌어요. The final consonant 'ㄷ' changes to 'ㄹ'. 그래서 'ㄷ 불규칙'이라고 말해요. So this is called 'ㄷ irregularity rule'.	[예문] • 저는 음악을 들어요. • 저는 공원에서 걸어요. • 저는 길을 물어요.

문법 2 ㄹ 불규칙

후이　어디에 <mark>삽니까?</mark>
하루카　저는 지금 한국에 <mark>삽니다.</mark>

안톤　실례합니다. 에릭 씨를 <mark>압니까?</mark>
아루잔　네. <mark>압니다.</mark> 제 친구입니다.

문법 사용 Using Grammar

- '알다, 살다'와 같이 'ㄹ' 받침이 있는 단어가 '-ㅂ니다'와 결합할 때에는 받침 ㄹ이 없어지고 '압니다, 삽니다'와 같이 사용해요. (살습니다 (X), 알습니다 (X))
  When words with the 'ㄹ' final consonant like '알다, 살다' change to '-ㅂ니다', the final consonant 'ㄹ' is dropped, and they become '압니다, 삽니다'. (살습니다 (X), 알습니다 (X))

TIP

ㄹ 불규칙 설명

[알다, 놀다, 힘들다]

+ ㅂ, ㅅ, ㄴ = [아, 노, 힘드]

	-ㅂ니다	-(으)십니다	-(으)니까 (이유/because)
알다	압니다	아십니다	아니까
놀다	놉니다	노십니다	노니까
힘들다	힘듭니다	힘드십니다	힘드니까

· 저는 한국에 **삽**니다.

· 선생님은 한국에 **사**십니다.

· 저는 한국에 **사**니까 김치를 먹습니다.

[예문]

· 집이 조금 멉니다.　　　　　· 저는 김밥을 만듭니다.

 표에 쓰세요. Write it in the table.

	-ㅂ니다/습니다	-ㅂ니까/습니까?	-아요/어요/해요
열다	엽니다		
팔다			
길다			
만들다			

연습 Practice

보기 와 같이 말하세요.
Speak as shown in the <Example>.

보기

지원 씨는 김밥을 <u>만듭니다.</u>

만들다

1)

살다

에릭 씨는 _____

2)

길다

하루카 씨는 머리가 _____

3)

멀다

집이 _____

4)

열다

루카 씨는 문을 _____

줄리앙   반 친구들이 무엇을 합니까?

하루카   저는 숙제**하고** 아루잔 씨는 책을 읽어요.

퓨퓨아웅   에릭 씨, 오늘 점심을 먹**고** 뭐 해요?

에릭   저는 점심을 먹**고** 숙제하고 친구를 만나요.

문법 사용 Using Grammar

1) '-고'는 두 문장을 대등하게 이어줘요. 나열의 의미를 나타내요.
   '-고' connects two equal sentences. It indicates listing.

   · 하루카 씨는 숙제해요. 아루잔 씨는 책을 읽어요.
   ⇨ 하루카 씨는 숙제하고 아루잔 씨는 책을 읽어요.

2) 순서를 나타내요.
   Indicates sequence.

   · 저는 2시에 밥을 먹어요. 저는 4시에 친구를 만나요.
   ⇨ 저는 2시에 밥을 먹고 4시에 친구를 만나요.

■ -고

의미	두 문장을 이어주고 나열, 시간의 순서를 나타냄 Connects two sentences and indicates a listing or sequence of time.	
형태 변화	S1+ 고 S2 S1(_____타) + 고 +S2	저는 커피를 마시고 친구는 녹차를 마셔요.(나열) 저는 오늘 숙제를 하고 친구를 만나요.(순서)

[예문]

· 지원 씨는 예쁘고 똑똑해요.
· 한국 사람들은 보통 밥을 먹고 커피를 마셔요.
· 아루잔 씨는 일요일에 집에서 청소하고 요리해요.

연습 Practice

 보기와 같이 말하세요.
Speak as shown in the <Example>.

보기

오늘 오후에 뭐 해요?

저는 오늘 오후에 공부하고 청소해요.

1)

왕페이 씨는 내일 뭐 해요?

_____

2)

하루카 씨는 오늘 뭐 해요?

_____

3)

루카 씨와 퓨퓨아웅 씨는 무엇을 합니까?

_____

4)

안톤 씨와 아루잔 씨는 뭐 해요?

_____

보기 와 같이 연습해 보세요.
Practice as shown in the <Example>.

> **보기** 오늘은 집에서 <u>쉬어요</u>. 오전에는 청소를 하고 오후에 숙제를 <u>해요</u>.
> (쉽니다) (합니다)
>
> 숙제를 하고 음악을 <u>들어요</u>. 음악을 듣고 친구를 <u>만나요</u>. 친구와 같이 <u>놀아요</u>.
> (듣습니다) (만납니다) (놉니다)

1) 제 친구 <u>후이예요</u>. 후이 씨는 베트남 <u>사람이에요</u>. 후이 씨는 한국에 <u>살아요</u>.
( ) ( ) ( )

후이 씨는 한국에서 한국어를 <u>배워요</u>. 후이 씨는 커피를 <u>좋아해요</u>.
( ) ( )

그래서 후이 씨는 커피를 많이 <u>마셔요</u>. 후이 씨는 보통 집에서 숙제하고 책을 <u>읽어요</u>.
( ) ( )

내일은 한국 친구와 <u>놀아요</u>.
( )

2) 저는 <u>줄리앙이에요</u>. 저는 프랑스 <u>사람이에요</u>. 지금 한국에 <u>있어요</u>.
( ) ( ) ( )

저는 한국 친구를 많이 <u>알아요</u>. 그래서 한국 생활이 <u>재미있어요</u>.
( ) ( )

저는 요리를 <u>좋아해요</u>. 그래서 집에서 음식을 <u>만들어요</u>. 친구들은 제 요리를 <u>좋아해요</u>.
( ) ( ) ( )

PART 4 >> 듣기 Listening

1. 다음을 듣고 질문에 답하세요. 🎧 1-4
Listen to the following and answer the questions.

1) 이 사람의 직업은 뭐예요?
What is this person's job?

① 회사원   ② 학생   ③ 주부   ④ 선생님

2) 다음 중 틀린 것(X)을 고르세요.
Choose the INCORRECT one of the following.

① 아루잔은 비빔밥을 먹습니다.
② 아루잔은 오전에 공부합니다.
③ 아루잔은 기숙사에서 숙제를 합니다.
④ 아루잔은 기숙사에서 청소를 합니다.

3) 아루잔이 사는 과일을 모두 고르세요.
Select all the fruits Aruzhan buys.

2. 다음을 듣고 질문에 답하세요. 1-5

Listen to the following and answer the questions.

1) 다음 중 틀린 것(X)을 고르세요.

Choose the INCORRECT one of the following.

① 왕페이 씨는 중국 사람입니다.
② 왕페이 씨는 한국에서 일합니다.
③ 왕페이 씨는 착하고 똑똑합니다.
④ 왕페이 씨는 한국 친구가 없습니다.

2) 왕페이 씨가 내일 하지 않는 것(X)을 고르세요.

Choose what Wang Fei will NOT do tomorrow.

① 운동을 합니다.
② 쇼핑을 합니다.
③ 방청소를 합니다.
④ 집에서 영화를 봅니다.

PART 5

말하기 Speaking

친구를 인터뷰해 보세요.
Interview your friend.

	질문	대답
1	이름이 무엇입니까?	
2	지금 어디에 삽니까?	
3	한국에서 무엇을 합니까?	
4	한국 친구가 있습니까?	
5	한국 음식을 좋아합니까?	
6	매일 아침을 먹습니까?	
7	어디에서 쇼핑을 합니까?	
8	숙제가 많습니까?	
9	어디에서 공부합니까?	
10	누구와 함께 점심을 먹습니까?	
11	노래를 좋아합니까?	
12	보통 주말에 무엇을 합니까?	
13	몇 시에 잡니까?	
14	보통 하루에 커피를 몇 잔 마십니까?	
15	?	
16	?	
17	?	
18	?	
19	?	

PART 6 　　활동 Activity

1. 10년 후, 나는 어떤 사람입니까?
What kind of person will you be in 10 years?

· 나는 어디에 삽니까?

· 나는 무슨 일을 합니까?

· 나는 무엇을 좋아합니까?

· 나는 무엇을 싫어합니까?

· 내 옆에는 누가 있습니까?

2. 내 옆에 있는 친구는 성공한 사람입니다. 친구를 인터뷰해 보세요.
My friend next to me is a successful person. Interview your friend.

· 이름이 무엇입니까?

· 무슨 일을 합니까?

· 어디에서 일을 합니까?

· _____ ?

· _____ ?

· _____ ?

· _____ ?

	질문 Questions	네 Yes	아니요 No
1	나는 형용사 단어를 알고 적절하게 사용할 수 있어요. I understand and can use adjectives properly in Korean.		
2	나는 '-ㅂ니다/습니다, -ㅂ니까/습니까?'를 상황에 맞게 사용할 수 있어요. I can use '-ㅂ니다/습니다, ㅂ니까/습니까?' appropriately according to the situation.		
3	'알다, 살다, 멀다, 열다, 놀다, 팔다, 길다, 힘들다'에 'ㄹ 불규칙'을 적용하여 정확하게 말할 수 있어요. I can appropriately use 'ㄹ irregularity' with words like '알다, 살다, 멀다, 열다, 놀다, 팔다, 길다, 힘들다'.		
4	나는 '-고'를 사용하여 두 문장을 연결하여 말할 수 있어요. I can connect two sentences using '-고'.		
5	나는 발표나 공식적인 자리와 사적인 자리를 구별하여 그에 알맞은 표현을 사용할 수 있어요. I can distinguish between formal and informal situations and use appropriate expressions in Korean.		

MEMO

2과
Lesson 2

지금 만날까요?

Shall we meet now?

- 여러분은 지금 무엇을 하고 있어요? What are you doing now?
- 여러분은 지금 어떤 옷을 입고 있어요? What clothes are you wearing now?
- 우리 같이 토요일에 영화를 볼까요? Shall we watch a movie on Saturday?

학습 목표 Learning Objectives

1. 착용동사를 알고 사용할 수 있어요.

    I can understand and use Korean verbs related to wearing.

2. 색깔 어휘를 알고 사용할 수 있어요.

    I can understand and use Korean color vocabulary.

3. 진행의 의미를 나타내는 '-고 있다'를 적절하게 사용하여 말할 수 있어요.

    I can use '고 있다' to indicate the meaning of ongoing actions correctly.

4. 착용동사의 완료의 의미를 나타내는 '-고 있다'를 적절하게 사용하여 말할 수 있어요.

    I can use '고 있다' to indicate the act of completion of the wearing verb correctly.

5. '-(으)ㄹ까요?'를 사용하여 상대방에게 자신의 의견을 제안할 수 있어요.

    I can use '-(으)ㄹ까요?' to propose my opinion to others.

착용동사 Verbs indicating the act of wearing

모자를 쓰다

장갑을 끼다

안경을 끼다

목도리를 하다

귀걸이를 하다

목걸이를 하다

(반지를) 끼다

치마를 입다

가방을 메다

가방을 들다

바지를 입다

신발을 신다

옷의 종류 Types of Clothing

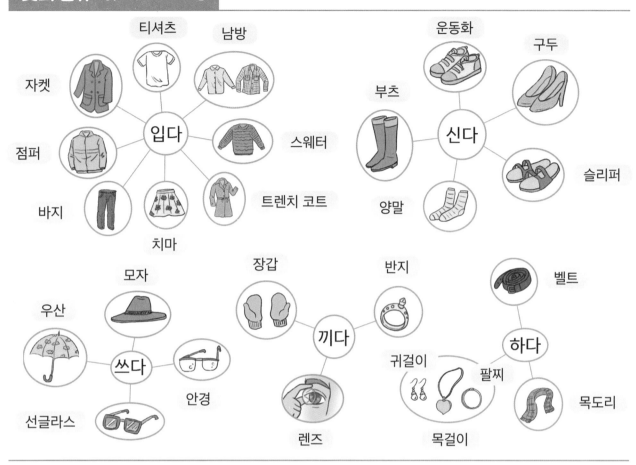

색깔 어휘 Color Vocabulary

하얀색/흰색	빨간색	노란색	초록색
파란색	까만색/검은색	분홍색/핑크색	보라색
주황색	갈색	베이지색	회색

학습 어휘 Learning Vocabulary

- 친구들과 수다 떨다 to chat with friends
- 몰라요 do not know / dose not know
- 곧 soon
- 끝내다 to finish
- 빼다 to take off (accessories)
- 어떻다(어때요?) how is it?
- 수업을 듣다 to attend a class
- 시작하다 to start
- 벗다 to take off (clothes)
- 풀다 to undo (tie, scarf)
- 약속이 있다/없다 to have an appointment / to do not have an appointment
- 일이 있다/없다 to have something to do / to do not have anything to do
- 별일이 있다/없다 to have something special / to have nothing special

연습 Practice

 1. ( ) 안에 알맞은 단어를 쓰세요.

Compose the appropriate word inside the ( ).

모자를 ( )
안경을 ( )
목도리를 ( )
장갑을 ( )
가방을 ( )
바지를 ( )

귀걸이를 ( )
목걸이를 ( )
티셔츠를 ( )
(반지를) ( )
치마를 ( )
가방을 ( )
신발을 ( )

2. 다음 그림을 보고 무슨 색인지 쓰세요.
Look at the picture and write what color is it.

문법 1 -고 있다 (1) 2-1

하루카　여보세요? 지원 씨?
　　　　지금 뭐 하고 있어요?
지원　　아, 하루카 씨.
　　　　저는 지금 집에서 쉬고 있어요.

하루카　여보세요?
줄리앙　네. 안톤 씨 휴대폰입니다.
하루카　아, 안톤 씨는요?
줄리앙　네. 안톤 씨는 지금 방에서 자고 있어요.

문법 사용 Using Grammar

- 'V+고 있다'는 현재 진행 중인 동작을 나타내요.
  'V+고 있다' indicates an action of present continuous.

■ V + 고 있다 (1)

의미	현재 진행 중인 동작을 나타냄 Indicates an action of present continuous.	
형태 변화	**동사(V) + 고 있다**	자다 - 자고 있다 - 자고 있어요 먹다 - 먹고 있다 - 먹고 있어요 살다 - 살고 있다 - 살고 있어요

[예문]

· 후이 씨는 지금 한국에 살고 있어요.　　　　· 아루잔 씨는 지금 영화를 보고 있어요.
· 루카 씨는 지금 음악을 듣고 있어요.

✍️ **표에 쓰세요.** Write it in the table.

-고 있어요			
일하다	일하고 있어요	한국에 살다	
여행하다		수업을 듣다	
운동하다		음악을 듣다	
전화하다		김밥을 만들다	
옷을 입다		한국어를 공부하다	

연습 Practice

보기 와 같이 말하세요.
Speak as shown in the <Example>.

보기

퓨퓨아웅 **왕페이 씨, 지금 뭐 하고 있어요?**
왕페이 **지금 학교에 가고 있어요.**

1)

아루잔 씨는 뭐 하고 있어요?

_____ .

2)

에릭 씨는 뭐 하고 있어요?

_____ .

3)

루카 씨는 뭐 하고 있어요?

_____ .

4)

줄리앙 씨는 뭐 하고 있어요?

_____ .

문법 2 -고 있다 (2) 2-2

지원 안톤 씨, 지금 뭐 하고 있어요?
안톤 저는 지금 옷을 입고 있어요.

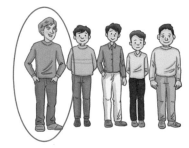

에릭 누가 루카 씨예요?
왕페이 루카 씨는 파란색 바지를 입고 있어요.

문법 사용 Using Grammar

• '-고 있다'는 현재 진행 중인 동작을 나타내기도 하지만 현재 입고 있는 옷이나 신발, 안경, 모자 등을 착용하고 있는 상태를 표현하기도 해요.

'-고 있다' can indicate not only an action of present continuous but expresses the state of wearing the clothes, shoes, glasses, hats, etc. currently wearing as well.

■ V + 고 있다 (2)

의미	현재 입고 있는 옷과 모자, 안경 등을 착용하고 있는 상태를 표현	
형태 변화	동사(V) + 고 있다	치마를 입다- 치마를 입고 있다 - 치마를 입고 있어요 신발을 신다- 신발을 신고 있다 - 신발을 신고 있어요 모자를 쓰다- 모자를 쓰고 있다 - 모자를 쓰고 있어요

TIP

'옷을 입다/벗다'는 표현은 옷이나 장신구의 종류에 따라 사용하는 동사가 달라져요.

'옷을 입다/벗다' expressions change based on the type of clothing or accessory.

예) 옷을 입다(↔벗다), 신발을 신다(↔벗다), 모자를 쓰다(↔벗다), 장갑을 끼다(↔빼다),
목도리를 하다(↔벗다, 풀다), 넥타이를 매다(↔풀다), 귀걸이를 하다(↔빼다), 벨트를 하다(↔풀다)

Examples) wear (↔ take off) clothes, wear (↔ take off) shoes, wear (↔ take off) a hat, wear (↔ take off) gloves, wear (↔ take off, undo) a scarf, wear (↔ undo) a tie, wear (↔ take off) earrings, wear (↔ undo) a belt.

[예문]

· 지원 씨는 빨간색 치마를 입고 있어요.
· 후이 씨는 까만색 운동화를 신고 있어요.

· 퓨퓨아웅 씨는 외투를 벗고 있어요.

📝 표에 쓰세요. Write it in the table.

-고 있어요			
흰색 티셔츠를 입다	흰색 티셔츠를 입고 있어요	장갑을 끼다	
빨간색 바지를 입다		신발을 신다	
갈색 가방을 메다		벨트를 하다	
목걸이를 하다		넥타이를 매다	
모자를 쓰다		안경을 쓰다	

연습 Practice

 보기 와 같이 말하세요.
Speak as shown in the <Example>.

보기

에릭 씨를 보고 말하세요.

① 에릭 씨는 <u>하얀색 티셔츠를 입고 있어요.</u>

② 에릭 씨는 <u>까만색 바지를 입고 있어요.</u>

③ 에릭 씨는 <u>파란색 가방을 메고 있어요.</u>

④ 에릭 씨는 <u>갈색 신발을 신고 있어요.</u>

⑤ 에릭 씨는 <u>보라색 (캡)모자를 쓰고 있어요.</u>

1)

왕페이 씨를 보고 말하세요.

① 왕페이 씨는 _____.

② 왕페이 씨는 _____.

③ 왕페이 씨는 _____.

④ 왕페이 씨는 _____.

⑤ 왕페이 씨는 _____.

2)

후이 씨를 보고 말하세요.

① 후이 씨는 _____.

② 후이 씨는 _____.

③ 후이 씨는 _____.

④ 후이 씨는 _____.

⑤ 후이 씨는 _____.

문법 3   -(으)ㄹ까요?   🎧2-3

안톤   아루잔 씨? 내일 뭐 해요?

아루잔   별일 없어요.

안톤   그럼 우리 같이 영화 볼까요?

루카   하루카 씨 지금 뭐 해요?

하루카   지금 숙제해요. 너무 힘들어요.

루카   네, 저도 숙제가 너무 어려워요. 같이 할까요?

하루카   그럴까요? 그럼 지금 만날까요?

문법 사용 Using Grammar

- '-(으)ㄹ까요?'는 상대방에게 자신의 의견을 제안하는 것으로 같이 그 행동을 하자는 것을 나타내요.
  '-(으)ㄹ까요?' is used to propose an action to someone, suggesting doing it together.

■   V + -(으)ㄹ까요?

의미	상대방에게 제안한 행동을 같이 하자는 의미 Suggests doing an action together with someone.			
형태 변화	**받침 O**	먹다 – 먹을까요? 읽다 – 읽을까요?	**받침 X**	쉬다 –쉴까요? 쇼핑하다 - 쇼핑할까요? 만들다 –만들까요?

[예문]

- 안톤: 루카 씨, 어디에 가요?
  루카: 지금 서점에 가요. 같이 갈까요?
- 후이: 지원 씨, 오늘은 시간이 없어요.
  지원: 그럼 우리 내일 만날까요?
- 왕페이: 에릭 씨, 저는 우산이 없어요.
  에릭: 아, 그래요? 그럼 이 우산을 같이 쓸까요?

TIP

'-(으)ㄹ까요?'는 아직 일어나지 않았거나 모르는 일에 대해 추측하여 질문할 때도 사용해요.
'-(으)ㄹ까요?' can also imply an uncertain guess.

- 친구가 제 선물을 좋아할까요?
- 후이가 한국 음식을 먹을까요?

 표에 쓰세요. Write it in the table.

-(으)ㄹ까요?			
가다	갈까요?	듣다	
먹다		사다	
쉬다		끝내다	
만나다		시작하다	
만들다		운동하다	

연습 Practice

보기 와 같이 말하세요.
Speak as shown in the <Example>.

보기

퓨퓨아웅　저는 교수님을 만나요.
그런데 연구실을 몰라요.

왕페이　아, 그래요? 저도 지금 교수님 연구실에 가요.
그럼 같이 갈까요?

1)

왕페이　오늘 날씨가 너무 좋아요.
지원　그럼 우리 오늘 공원에 _____ ?

2)

하루카　줄리앙 씨, 뭐 해요? 너무 심심해요.
줄리앙　저도요. 그럼 지금 _____ ?

3)

에릭　이 집은 김밥이 유명해요.
후이　그래요? 그럼 김밥을 _____ ?

4)

퓨퓨아웅　내일 몇 시에 _____ ?
아루잔　내일 두 시 어때요?

보기 와 같이 연습해 보세요.
Practice as shown in the <Example>.

보기

후이	지원 씨 지금 뭐 해요?
지원	친구 전화를 <u>기다리고 있어요.</u>
후이	아, 그래요? <u>저녁에 같이 밥 먹을까요?</u>
지원	미안해요. 오늘 저녁에는 친구를 만나요.

1)

안톤 　아루잔 씨, 지금 뭐 해요?

아루잔 　_____ .

안톤 　내일 _____ ?

아루잔 　미안해요. 내일은 약속이 있어요.

2)

퓨퓨아웅 지원 씨, 지금 뭐 해요?

지원 　_____ .

퓨퓨아웅 내일 _____ ?

지원 　미안해요. 내일은 일이 있어요.

3)

에릭 　하루카 씨, 지금 뭐 해요?

하루카 　_____ .

에릭 　지금 같이 _____ ?

하루카 　좋아요. 기다려요. 곧 가요.

4)

왕페이 　루카 씨 지금 뭐 해요?

루카 　_____ . 왜요?

왕페이 　저녁에 뭐 해요?

루카 　저녁에 별일 없어요.

왕페이 　아, 그럼 같이 _____ ?

1. 다음 이야기를 듣고 안톤과 아루잔, 왕페이를 찾으세요. 🎧 2-4
Listen to the following story and find Anton, Aruzhan, and Wang Fei.

안톤 (   )   아루잔 (   )   왕페이 (   )

 2. 다음을 듣고 질문에 답하세요. 🎧 2-5
Listen to the following and answer the questions.

1) 내일 두 사람은 어디에 안(X) 가요?
Where are the two people not going tomorrow?

① 서점   ② 식당   ③ 영화관   ④ 도서관

2) 내일 두 사람은 몇 시에 만나요?
What time do the two people meet tomorrow?

① 1시   ② 2시   ③ 3시   ④ 6시

3) 다음 중 대화 내용과 다른 것(X)을 고르세요.
Choose the INCORRECT one among the following.

① 영화는 3시에 시작해요.   ② 줄리앙 씨는 책이 필요해요.
③ 내일 두 사람은 같이 밥을 먹어요.   ④ 내일 두 사람은 영화관 앞에서 만나요.

1. 여기는 기숙사입니다. 친구들이 무슨 옷을 입고 무엇을 착용하고 있는지 이야기해 보세요.

This is a dormitory. Talk about what your friends are wearing.

보기	· 안톤 씨는 음악을 듣고 있어요.	· 안톤 씨는 까만색 티셔츠를 입고 있어요.
	· 안톤 씨는 안경을 쓰고 있어요.	· 안톤 씨는 반바지를 입고 있어요.

2. 지금 여러분이 입고 있는 옷과 착용하고 있는 것은 무엇입니까?

What clothes are you wearing and what accessories are you wearing right now?

3. 여러분 옆에 있는 친구는 무슨 옷을 입고 무엇을 착용하고 있나요?
   그리고 친구는 지금 무엇을 하고 있습니까?

What clothes is your friend next to you wearing and what accessories is he/she wearing? and what is your friend doing now?

다음 그림을 보고 친구와 함께 '-고 있어요, -(으)ㄹ까요?'를 사용해서 대화를 만들어 보세요.
Look at the pictures and create a conversation with a friend using '고 있어요' and '-(으)ㄹ까요?'.

상황 1	상황 2	상황 3	상황 4

· 친구는 숙제를 합니다. 너무 어렵습니다. → 나는 친구와 함께 숙제를 합니다.	· 친구가 집에서 쉽니다. → 나는 친구와 함께 커피를 마십니다.	· 친구가 혼자 밥을 먹습니다. → 나는 친구와 함께 밥을 먹습니다.	· 친구가 텔레비전을 보고 있습니다. → 나는 친구와 함께 쇼핑합니다.

보기	에릭	후이 씨, 뭐해요?	후이	네, 너무 힘들어요.
<상황 1>	후이	저는 지금 숙제를 하고 **있어요.**	에릭	그럼 같이 **할까요?**
	에릭	아 그래요? 많이 힘들어요?	후이	네. 좋아요.

<상황 2> / <상황 3> / <상황 4>

PART 7

자가 점검 Self-Check

질문 Questions	네 Yes	아니요 No
1	나는 '입다, 쓰다, 신다, 끼다, 하다'와 같은 착용동사를 알고 알맞게 사용할 수 있어요. I can understand and use Korean verbs related to wearing like '입다, 쓰다, 신다, 끼다, 하다' correctly.		
2	나는 색깔을 나타내는 어휘를 알고 사용할 수 있어요. I can understand and use Korean vocabulary that indicates colors.		
3	나는 진행의 의미를 나타내는 '-고 있다'를 사용하여 말할 수 있어요. I can use '-고 있다' to indicate progress when speaking.		
4	나는 착용동사의 완료의 의미를 나타내는 '-고 있다'를 사용하여 말할 수 있어요. I can say it using the '-고 있다' meaning of the completion of the wearing verb.		
5	나는 '-(으)ㄹ까요?'를 사용하여 상대방에게 제안하는 말을 할 수 있어요. I can use '-(으)ㄹ까요?' to make suggestions to others.		

MEMO

3과
Lesson 3

화장실에 가도 돼요?

May I go to the bathroom?

- 여러분은 방학에 무엇을 하고 싶어요? What do you want to do during the vacation?
- 여러분 나라에서는 극장에서 사진을 찍어도 돼요? / 괜찮아요?
  Is it okay to take pictures in the theater in your country?

학습 목표 Learning Objectives

1. 희망과 바람의 의미를 나타내는 '-고 싶다'를 사용하여 말할 수 있어요.

   I can use '-고 싶다' to express hopes and desires.

2. 허락과 승낙의 의미를 나타내는 '-아/어/해도 되다'를 사용하여 말할 수 있어요.

   I can use '-아/어/해도 되다' to express permission and approval.

3. 내가 하고 싶은 것, 한국에서 하고 싶은 것을 적절한 어휘와 문법을 사용하여 말할 수 있어요.

   I can use appropriate Korean vocabulary and grammar to express what I want to do and what
   I want to do in Korea.

4. 나는 '— 불규칙'에 해당하는 형용사들의 의미를 알고 '-아/어/해요' 형태로 말할 수 있어요.

   I can use the meanings of adjectives with '— irregularity rule' and can use them in the '-아/어/해요' form.

학습 어휘 Learning Vocabulary

(방에) 들어가다
to enter (the room)

나가다
to go out

그만두다
to quit

멈추다
to stop

계속하다
to continue

더
more

(소리를) 높이다
to turn up(the volume)

(소리를) 낮추다
to turn down(the volume)

(전화를) 받다
to receive(the phone call)

사진을 찍다
to take a picture

사용하다/ 쓰다
to use

여행을 가다(하다)
to travel

아르바이트를 하다
to do a part-time job

한국 친구를 사귀다
to make Korean friends

연애하다 Date
(여자친구/남자친구를 사귀다)
(to date a girlfriend/boyfriend)

담배를 피우다
to smoke

졸리다
to feel sleepy

수업을 시작하다
to start a class

수업을 마치다
to finish a class

구경하다
to do sightseeing

만약에
if

여기저기
here and there

평일/주말
weekdays/weekend

돈
money

배가 고프다
to feel hungry

빨리
quickly

노래방
Karaoke

자리
seat

문을 열다
to open the door

유명하다
to be famous

아프다
to feel sick

앉다
to sit

화장실
bathroom

공연장
performance hall

박물관
museum

미술관
art gallery

어서 immediately
(without delay)

흑돼지
black pork

너무
very

제주도
Jeju Island

녹차
green tea

다/모두
all

1. 다음 그림을 보고 알맞은 표현을 쓰세요.
Write the correct expression for each picture.

① 방에 들어가요   ② 앉아요   ③ 구경해요   ④ 여행가요   ⑤ 연애해요
⑥ 전화를 받아요   ⑦ 졸려요   ⑧ 사진을 찍어요

2. 다음 반대 표현을 찾아 연결하세요.
Find and connect the opposite expressions.

① 시작하다 •   • 낮추다

② 계속하다 •   • 멈추다

③ 평일 •   • 마치다

④ 높이다 •   • 주말

'아프다, 나쁘다, 바쁘다, 고프다, 예쁘다, 기쁘다, 슬프다'가 '-아/어/해요'와 결합될 때,
'아파요, 나빠요, 바빠요, 고파요, 예뻐요, 기뻐요, 슬퍼요'로 변해요.
각 단어 'ㅡ'앞의 글자의 모음이 'ㅏ,ㅗ'이면 '-아요'와 결합하고 'ㅏ,ㅗ'가 아니면 '-어요'와 결합해요.
When '아프다, 나쁘다, 바쁘다, 고프다, 예쁘다, 기쁘다, 슬프다' combine with '-아/어/해요', they change to 아파요, 나빠요, 바빠요, 고파요, 예뻐요, 기뻐요, 슬퍼요. If the vowel before 'ㅡ' is 'ㅏ, ㅗ', it combines with '-아요'; otherwise, it combines with '-어요'.

아프다 → 아파요 / 고프다 → 고파요 / 예쁘다 → 예뻐요
나쁘다 → 나빠요   슬프다 → 슬퍼요
바쁘다 → 바빠요   기쁘다 → 기뻐요

'아프다, 나쁘다, 바쁘다, 고프다' 모두 'ㅡ' 앞의 글자 모음이 'ㅏ,ㅗ'예요.
In '아프다, 나쁘다, 바쁘다, 고프다', the vowel before 'ㅡ' is 'ㅏ, ㅗ'.

그래서 '-아요'와 결합해요. '아파요, 나빠요, 바빠요, 고파요'가 돼요.
They combine with '-아요', becoming 아파요, 나빠요, 바빠요, 고파요.

'예쁘다, 슬프다, 기쁘다'는 모두 'ㅡ' 앞의 글자 모음이 'ㅏ,ㅗ'가 아니에요.
In '예쁘다, 슬프다, 기쁘다', the vowel before 'ㅡ' is not 'ㅏ, ㅗ'.

그래서 '-어요'와 결합해요. '예뻐요, 슬퍼요, 기뻐요'가 돼요.
They combine with '-어요', becoming 예뻐요, 슬퍼요, 기뻐요.

이것을 우리는 'ㅡ' 불규칙이라고 해요.
This is called the 'ㅡ irregularity rule'.

[예문]

· 머리가 아파요.   · 선생님은 예뻐요.
· 저는 오늘 바빠요   · 그 영화는 슬퍼요.
· 저는 배가 너무 고파요.

3. 다음 그림을 보고 알맞은 것을 쓰세요.
Write the correct expression for each picture.

① 기분이 나빠요   ② 머리가 아파요   ③ 바빠요
④ 배가 너무 고파요   ⑤ 예뻐요   ⑥ 슬퍼요

문법 1 -고 싶다 3-1

줄리앙　　주말에 뭐 해요?

지원　　　저는 주말에 친구와 쇼핑하고 싶어요.

아루잔　　지금 뭐 하고 싶어요?

안톤　　　배가 너무 고파요. 밥을 먹고 싶어요.

문법 사용 Using Grammar

- '-고 싶다'는 희망과 바람을 나타내요.
  '-고 싶다' expresses hopes and desires.

■ V + -고 싶다

의미	희망과 바람 Hopes and desires	
형태 변화	동사(V) + 고 싶다	· 자다 - 자고 **싶다** - 자고 **싶어요** · 먹다 - 먹고 **싶다** - 먹고 **싶어요** · 살다 - 살고 **싶다** - 살고 **싶어요**

[예문]

· 저는 지금 화장실에 가고 싶어요. 　　　　　· 저는 친구와 여행을 하고 싶어요.

TIP

다른 사람의 희망이나 바람을 나타낼 때는 '-고 싶어 하다'를 사용해요.
Use '-고 싶어 하다' to express someone else's hopes or desires.

[예문]

· 퓨퓨아웅 씨는 쉬고 싶어 해요. 　　　　　· 아루잔 씨는 집에 가고 싶어 해요.

📝 **표에 쓰세요.** Write it in the table.

	저는 -고 싶어요	OO 씨는 -고 싶어 해요
쉬다	저는 쉬고 싶어요	후이 씨는 쉬고 싶어 해요
연애하다		
노래하다		
영화를 보다		
한국에 살다		
음악을 듣다		
아르바이트 하다		
친구와 쇼핑하다		
한국 음식을 먹다		
한국 친구를 사귀다		

연습 Practice

보기 와 같이 말하세요.
Speak as shown in the <Example>.

보기

에릭   퓨퓨아웅 씨, 주말에 뭐 하고 싶어요?

퓨퓨아웅   평일에는 많이 바빠요.

저는 주말에 집에서 쉬고 싶어요.

1)

아루잔   안톤 씨 뭐 먹을까요?

안톤   저는 비빔밥을 _____ .

2)

후이   주말에 어디에 가고 싶어요?

루카   저는 _____ .

3)

왕페이   하루카 씨, 뭐 하고 싶어요?

하루카   너무 피곤해요. 빨리

_____ .

4)

퓨퓨아웅   일요일에 뭐 하고 싶어요?

줄리앙   _____ .

문법 2 -아/어/해도 되다   3-2

하루카 여기에 좀 **앉아도 돼요?**

루카 네, 앉아요. 괜찮아요.

후이 줄리앙 씨, 전화를 좀 **받아도 돼요?**

줄리앙 네, 그래요.

문법 사용 Using Grammar

- '-아/어/해도 되다'는 상대방에게 허락을 구하거나 내가 승낙하는 경우에 사용돼요.
  '-아/어/해도 되다' is used to ask for or give permission.

■ V +아/어/해도 되다

의미	상대방에게 허락을 구하거나 내가 승낙하는 경우에 사용 Used to ask for or give permission		
형태 변화	**동사(V)**	ㅏ, ㅗ (O)	가다 - 가도 돼요? 살다 - 살아도 돼요?
		ㅏ, ㅗ (X)	먹다 - 먹어도 돼요? *듣다 - 들어도 돼요?
	하다		노래하다 - 노래해도 돼요? 운동하다 - 운동해도 돼요?

[예문]

· 조금 덥습니다. 창문을 좀 열어도 돼요?　　　　· 시간이 없어요. 내일 다시 이야기해도 돼요?

· 화장실에 가고 싶어요. 화장실에 가도 돼요?

표에 쓰세요. Write it in the table.

-아/어/해도 돼요?			
전화하다	전화해도 돼요?	휴대폰을 보다	
들어가다		화장실에 가다	
사용하다		수업을 마치다	
커피를 마시다		담배를 피우다	
음악을 듣다		여기에 좀 앉다	
사진을 찍다		여기에서 기다리다	

연습 Practice

 보기 와 같이 말하세요.
Speak as shown in the <Example>.

보기

아루잔   여기에서 사진 찍어도 돼요?
안톤   박물관에서는 안 됩니다.

1)

교수님   여러분.
        수업 시간에 친구와 _____ ?(이야기하다)
학생들   아니요.

2)

학생   교수님, _____ ?(들어가다)
교수님   네, 들어와요.

3)

에릭   여기에서 _____ ?(먹다)
루카   네, 그럼요.

4)

왕페이   _____ ?(가다)
하루카   그럼요, 화장실에 어서 가요.

보기 와 같이 연습해 보세요.
Practice as shown in the <Example>.

보기

지원   저도 그 샌드위치가 먹고 싶어요.

하나 먹어도 돼요?

퓨퓨아웅   그럼요, 그럼 우리 같이 먹을까요?

지원   네, 좋아요.

1)

왕페이   줄리앙 씨, 방학에 어디에 가고 싶어요?

줄리앙   _____ .

왕페이   전주는 뭐 유명해요?

줄리앙   비빔밥이 유명해요.

왕페이   그래요? 저도 같이 _____ ?

줄리앙   그럼요. 같이 가요.

2)

루카   후이 씨, 주말에 뭐해요?

후이   주말에 저는 한국 친구를 만나요.

루카   아, 그래요? 전 지금 한국 친구가 없어요.

한국 친구를 _____ .

후이 씨와 같이 한국 친구를 _____ ?

후이   그럼요. 그 친구는 아주 좋아요. 같이 만나요.

3)

아루잔   안톤 씨, 어디에 가요?

안톤   저는 지금 노래방에 가요.

아루잔   저도 _____ .

저도 같이 _____ ?

안톤   미안해요.

지금 한국 친구가 노래방에서 기다리고 있어요.

아루잔 씨는 다음에 같이 가요.

1. 다음을 듣고 질문에 답하세요. (3-3)
Listen to the following and answer the questions.

1) 여기는 어디입니까?
Where is this place?

① 학교 　　　② 식당 　　　③ 커피숍 　　　④ 백화점

2) 이 사람들이 제주도에서 하고 싶은 것이 아닌 것(X)을 고르세요.
Select what these people do NOT want to do in Jeju Island.

① 바다를 보고 싶어요.
② 녹차를 마시고 싶어요.
③ 흑돼지를 먹고 싶어요.
③ 여기저기를 구경하고 싶어요.

3) 이 사람들은 언제 제주도에 가요?
When are these people going to Jeju Island?

① 월요일 　　　② 수요일 　　　③ 목요일 　　　④ 토요일

 2. 다음을 듣고 질문에 답하세요. (3-4)
Listen to the following and answer the questions.

1) 두 사람은 어디에 있어요?
Where are the two people?

① 박물관 　　　② 영화관 　　　③ 공연장 　　　④ 친구 집

2) 다음 중 알맞은 것을 고르세요.
Choose the correct one among the following.

① 한국 박물관에서 사진을 찍어도 돼요.
② 한국 공연장에서 음식을 먹어도 돼요.
③ 한국 영화관에서 휴대폰을 봐도 돼요.
④ 한국에서는 신발을 신고 방에 들어가도 돼요.

1. 여러분, 돈이 많고 시간도 있어요. 여러분은 뭐 하고 싶어요? 왜 그것을 하고 싶어요?
   5가지 이상 이야기 해 보세요.

   You have a lot of money and time. What do you want to do? Why do you want to do it? Talk about at least five things.

2. 다음 상황에 대해 친구와 함께 이야기 해 보세요.

   Talk about the following situations with a friend.

   1) 한국에 있는 동안 부모님에게 허락 받고 싶은 것에 대해 말해 보세요.
   친구는 부모님이 되어 이야기해 보세요.

   Talk about what you want to get permission for from your parents while you are in Korea.
   Your friend will act as your parents and talk with you.

   · 엄마, 한국에서 _____ 아/어/해도 돼요?

   2) 교실에서 교수님/선생님에게 허락 받고 싶은 것에 대해 말해 보세요.
   친구는 교수님이 되어 이야기 해 보세요.

   Talk about what you want to get permission for from your professor/teacher in the classroom.
   Your friend will act as the professor/teacher and talk with you.

   · 교수님, 수업 시간에/교실에서 _____ 아/어/해도 돼요?

PART 6

활동 Activity

여러분, 한국에서 뭐 하고 싶어요? 왜 그것을 하고 싶어요? 5가지 이상 이야기 해 보세요.
What do you want to do in Korea? Why do you want to do it? Talk about at least five things.

	한국에서 뭐 하고 싶어요?	왜요?
1		
2		
3		
4		
5		

질문 Questions		네 Yes	아니요 No
1	나는 희망과 바람을 나타내는 '-고 싶다'를 사용하여 말할 수 있어요. I can use '-고 싶다' to express hopes and desires.		
2	나는 허락과 승낙의 의미를 나타내는 '-아/어/해도 되다'를 사용하여 말할 수 있어요. I can use '-아/어/해도 되다' to express permission and approval.		
3	내가 하고 싶은 것, 한국에서 하고 싶은 것을 적절한 어휘와 문법을 사용하여 말할 수 있어요. I can use appropriate Korean vocabulary and grammar to express what I want to do and what I want to do in Korea.		
4	나는 '— 불규칙' '아프다, 바쁘다, 나쁘다, 고프다, 예쁘다, 슬프다, 기쁘다'의 의미를 알고 '-아/어/해요' 형태로 말할 수 있어요. I know the meanings of '— irregularity rule' verbs like '아프다, 바쁘다, 나쁘다, 고프다, 예쁘다, 슬프다, 기쁘다' and can use them in the '-아/어/해요' form.		

오늘 노래방에 같이 갈 수 있어요?

Can you go to the karaoke today with me?

- 여러분은 취미가 뭐예요? What is your hobby?
- 여러분은 어떤 음식을 좋아해요? What kind of food do you like?

학습 목표 Learning Objectives

1. 가능과 능력을 의미하는 '-(으)ㄹ 수 있다'를 사용하여 말할 수 있어요.
   I can use '-(으)ㄹ 수 있다' to express possibility and ability.

2. '-(으)ㄹ 수 없다'를 사용하여 불가능을 표현할 수 있어요.
   I can use '-(으)ㄹ 수 없다' to express impossibility.

3. 나는 '못-'을 사용하여 불가능을 표현할 수 있어요.
   I can use '못-' to express inability.

4. '-아/어/해 주세요'를 사용하여 다른 사람에게 부탁할 수 있어요.
   I can use '-아/어/해 주세요' to make requests of others.

취미 hobbies

하다

수영(을) 하다　게임(을) 하다　태권도(를) 하다　운전(을) 하다　노래(를) 하다

축구(를) 하다　야구(를) 하다　배구(를) 하다　농구(를) 하다　운동(을) 하다

타다

자전거를 타다　오토바이를 타다　자동차를 타다　스케이트 보드를 타다　스키를 타다

치다

배드민턴을 치다　테니스를 치다　골프를 치다　당구를 치다　피아노를 치다

TIP

운동을 나타내는 표현에는 '하다', '치다', '타다'가 있어요. 공으로 하는 운동인 '축구', '야구', '농구', '배구'는 동사 '하다'를 사용해요.
Expressions related to sports include '하다,' '치다,' and '타다.' Ball sports, like '축구,' '야구,' '농구,' and '배구,' use the verb '하다.'

학습 어휘 Learning Vocabulary

- 취미 hobby
- (축구/야구/농구) 경기를 보다 to watch (soccer/baseball/basketball) games
- 노래방 Karaoke
- 부탁하다 to ask for a favor
- 아침에 일어나다 to wake up in the morning
- 생일 birthday
- 맛집을 찾다 to find a good restaurant
- 모닝콜을 하다 to set a wake-up call
- PC 방 internet cafe
- 헬스장 gym
- (가격을) 깎다 to discount
- 빌리다 to borrow
- 모임에 가다 to attend a meeting
- 브이로그를 찍다 to make a vlog
- 수영장 pool
- 선물을 주다 to give a gift
- 스키장 ski resort
- 케이크 cake

연습 Practice

 1. 다음 그림을 보고 알맞은 표현을 쓰세요.

Write the correct expression for each picture.

2. 다음 중 공통으로 들어갈 단어를 고르세요. (   )

Choose the word that fits in all the blanks.

> · 오늘 오후에 저는 테니스를 _____ .
>
> · 안톤 씨는 골프를 _____ .
>
> · 지원 씨는 피아노를 _____ .

① 해요   ② 타요   ③ 쳐요

3. 다음 중 _____에 들어갈 수 없는(X) 것을 고르세요. (   )

Choose the word that CANNOT fit in the _____ .

> · 저는 _____ 해요.

① 축구를   ② 자전거를   ③ 태권도를   ④ 배구를

문법 1 -[으]ㄹ 수 있다 / 없다 (4-1)

지원 하루카 씨, 자전거를 탈 수 있어요?

하루카 네, 자전거를 탈 수 있어요.

줄리앙 퓨퓨아웅 씨, 수영할 수 있어요?

퓨퓨아웅 아니요, 수영할 수 없어요.

루카 에릭 씨, 축구를 같이 할 수 있어요?

에릭 네, 축구를 (같이) 할 수 있어요.

/미안해요, 오늘 바빠요.

축구를 (같이) 할 수 없어요.

TIP

'-(으)ㄹ 수 있어요?'는 '같이'와 사용하면 청유의 의미를 나타내요. (2과. '-으(ㄹ)까요?' 와 비슷해요.) 대답을 할 때는 '같이'를 사용하지 않아도 돼요. 그리고 '함께 하자'는 것을 거절할 때는 "미안해요." 라고 대답해요.

Using '-(으)ㄹ 수 있다' and '같이' can imply a suggestion to do something together (similar to '-을까요?' in Lesson 2). When responding, you don't need to use '같이.' To decline the suggestion, say "미안해요."

문법 사용 Using Grammar

- '-(으)ㄹ 수 있다'는 어떤 일을 하는 것이 가능하다는 의미와 어떤 행동에 대한 능력이 있는지를 나타내요.
  '-(으)ㄹ 수 있다' means the possibility of doing something and the ability to perform an action.

■ V + -(으)ㄹ 수 있다

의미	어떤 일을 하는 것이 가능하다는 의미 + 어떤 행동에 대한 능력 표현 Meaning of the possibility of doing something + Expression of the ability to perform an action		
형태 변화	받침 O	먹다: 먹을 수 있다 - 먹을 수 있어요 *듣다: 들을 수 있다 - 들을 수 있어요 (듣을 수 있다 X)	받침 X, 받침 ㄹ	가다: 갈 수 있다 - 갈 수 있어요 마시다: 마실 수 있다 - 마실 수 있어요 *만들다: 만들 수 있다 - 만들 수 있어요 (만들을 수 있다 X)

TIP

상황에 따라 '-(으)ㄹ 수 있어요'는 능력의 의미일 수도, 가능의 의미일 수도 있어요. 어떤 것을 배우거나 어떤 일의 방법을 알고 있다면 능력이라고 할 수 있어요.

Depending on the situation, '-(으)ㄹ 수 있어요' can mean either ability or possibility. Knowing or learning how to do something indicates ability.

예) ① 저는 내일 영화를 볼 수 있어요.   → (가능) Possibility
    ② 저는 태권도를 할 수 있어요.   → (능력) Ability

[예문]

· 에릭: 지원 씨, 스키를 탈 수 있어요?   · 저는 한국어를 배우고 있어요. 한국어 책을 읽을 수 있어요.
  지원: 네, 스키를 탈 수 있어요.   · 같이 영화를 볼 수 있어요?

문법 사용 Using Grammar

● '-(으)ㄹ 수 없다'는 어떤 일을 하는 것이 불가능하다는 표현이에요.
  '-(으)ㄹ 수 없다' expresses the impossibility of doing something.

■ V + -(으)ㄹ 수 없다

의미	어떤 일을 하는 것이 불가능하다는 표현 Expresses the impossibility of doing something		
형태 변화	**받침 O**	먹다: 먹을 수 없다 - 먹을 수 없어요 *듣다: 들을 수 없다 - 들을 수 없어요 (듣을 수 없다 X)	**받침 X, 받침 ㄹ**	가다: 갈 수 없다 - 갈 수 없어요 마시다: 마실 수 없다 - 마실 수 없어요 *만들다: 만들 수 없다 - 만들 수 없어요 (만들을 수 없다 X)

[예문]

· 나는 피아노를 칠 수 없어요.   · 지금 바빠요. 같이 농구를 할 수 없어요.
· 하루카: 아루잔 씨, 같이 야구 경기를 볼 수 있어요?
  아루잔: 미안해요. (같이 야구 경기를) 볼 수 없어요.

표에 쓰세요. Write it in the table.

-(으)ㄹ 수 있어요		-(으)ㄹ 수 없어요	
게임하다	게임할 수 있어요	공부하다	공부할 수 없어요
운전하다		노래하다	
창문을 열다		브이로그를 찍다	
음악을 듣다		자전거를 타다	

연습 Practice

보기 와 같이 말하세요.
Speak as shown in the <Example>.

보기

안톤   아루잔 씨는 배드민턴을 칠 수 있어요?   왕페이   퓨퓨아웅 씨는 스키를 탈 수 있어요?

아루잔   네, 배드민턴을 칠 수 있어요.   퓨퓨아웅   아니요, 스키를 탈 수 없어요.

1)

지원   후이 씨는 _____ ?

후이   네, _____ .

2)

줄리앙   안톤 씨는 _____ ?

안톤   아니요, _____ .

3)

에릭   하루카 씨, 같이 _____ ?

하루카   네, _____ .

문법 2 　못- 🎧 4-2

지원	후이 씨, 떡볶이를 만들 수 있어요?	줄리앙	퓨퓨아웅 씨, 수영할 수 있어요?
후이	아니요, 떡볶이를 만들 수 없어요.	퓨퓨아웅	아니요, 수영할 수 없어요.
	아니요, 떡볶이를 못 만들어요.		아니요, 수영 못 해요.

문법 사용 Using Grammar

● '못-'은 '-(으)ㄹ 수 없다'와 같아요. 일반 동사(먹다, 읽다, 가다, 듣다……)와 사용할 때는 '못+V' 형태로 사용해요. 그런데 N+하다(공부하다, 운동하다, 수영하다, 게임하다……)와 사용할 때는 'N+못+하다' 형태로 사용해요.
The '못-' grammar is the same as the '-(으)ㄹ 수 없다' grammar. When used with regular verbs (such as 먹다, 읽다, 가다, 듣다, etc.), it is in the form of '못+V'. However, when used with N+verbs (공부하다, 운동하다, 수영하다, 게임하다, etc.), it is in the form of 'N+못+하다.'

■ 못 + V

의미	어떤 일을 하는 것이 불가능하다는 의미 To mean the impossibility of doing something		
형태 변화	동사(V)	먹다 - 못 먹어요 가다 - 못 가요 *듣다 - 못 들어요	N + 하다

청소하다 - 청소 못 해요 (못 청소해요 X)
빨래하다 - 빨래 못 해요 (못 빨래해요 X)
쇼핑하다 - 쇼핑 못 해요 (못 쇼핑해요 X)

[예문]

· 나는 게임을 못 해요. 　　　　· 지원 씨는 술을 못 마셔요.
· 오늘은 바빠요. 쇼핑 못 해요.

> **TIP**
>
> 못 해요 [모태요]

> **TIP**
>
> ① '안-'과 '못-'은 비슷하지만 다른 점이 많아요. '안-'은 '나는 할 수 있어요. 그런데 하고 싶지 않아요.'라는 뜻이에요. 그런데 '못-'은 '나는 하고 싶어요. 그런데 할 수 없어요' 라는 뜻이에요.
> '안-' and '못-' are similar but have many differences. '안-' means I don't want to do it. However, '못-' means I want to do it, but I can't.
>
> · 저는 밥을 안 먹어요. 　→ 　밥을 먹고 싶지 않아요. I don't want to eat.
> · 저는 밥을 못 먹어요. 　→ 　밥을 먹고 싶어요. 그런데 밥을 먹을 수 없어요. I want to eat, but I can't eat.

② 어떤 일에 대한 능력의 정도를 나타낼 때, 우리는 '못-'과 '잘-'을 사용할 수 있어요.
To indicate the degree of ability in certain situation, we can use '못-' and '잘-.'

노래를 못해요　　　　　　　　　노래를 잘해요
못 해요(X)　　　　　　　　　　잘 해요(X)

③ '못 해요' 와 '못해요'는 상황에 따라 의미가 달라질 수 있어요.
'못 해요' and '못해요' can have different meanings depending on the situation.

노래를 못 해요　　　　　　　　노래를 못해요

④ 춤을 추다 ↔ 춤을 못 추다
일반적으로 'N+하다' 동사일 때만 'N+못+하다' 형태가 나타나지만, '춤'이 명사이기 때문에 '춤추다'는 예외적으로 '춤을 못 추다'라고 할 수 있어요.
Generally, only with 'N+하다' verbs does the form 'N+못+하다' appear. However, since '춤' is a noun, '춤추다' can be exceptionally expressed as '춤을 못 추다.'

· 에릭 씨는 춤을 잘춰요. 그런데 저는 다리가 아파요. 그래서 춤을 못 춰요.

 표에 쓰세요. Write it in the table.

못-			
오다	못 와요	말하다	
자다		운전하다	
사다		숙제하다	
만들다		전화하다	
마시다		걷다	

연습 Practice

 보기 와 같이 말하세요.
Speak as shown in the <Example>.

보기

줄리앙   후이 씨, 오늘 회사에 가요?

후이   아니요, 회사에 못 가요. 배가 아파요.

1)

루카   에릭 씨, 오늘 친구를 만나요?

에릭   아니요, _____ .

        너무 바빠요.

2)

지원   안톤 씨, 김치를 먹어요?

안톤   아니요, _____ .

3)

아루잔   줄리앙 씨,

        스케이트 보드를 탈 수 있어요?

줄리앙   아니요, _____ .

4)

퓨퓨아웅   아루잔 씨, 운전할 수 있어요?

아루잔   아니요, _____ .

-아/어/해 주세요 4-3

엄마, 책을 **읽어 주세요.**

창문을 **닫아 주세요.**

문법 사용 Using Grammar

- '-아/어/해 주세요'는 동사와 함께 사용하여 특정한 행동을 부탁할 때 사용할 수 있어요.
  앞에서 배운 문법인 '-(으)ㄹ 수 있다'와 함께 사용하면 더 공손하게 부탁할 수 있어요.
  The grammar '-아/어/해 주세요' is used with verbs to request a specific action.
  When used with the previously learned grammar '-(으)ㄹ 수 있다,' it can make the request more polite.

■ V + -아/어/해 주세요

의미	다른 사람에게 어떤 행동을 부탁할 때 사용함 Used to request an action from someone else		
형태 변화	동사(V)	ㅏ, ㅗ (O)	받다 - 받**아 주세요** 오다 - 와 **주세요**
		ㅏ, ㅗ (X)	열다 - 열**어 주세요** 가르치다 - 가르쳐 **주세요** *주다 - **주세요** (줘 주세요 X) *듣다 - 들**어 주세요** (듣어 주세요 X)
	하다		청소하다 - 청소**해 주세요.** 요리하다 - 요리**해 주세요**

[예문]

· 선생님, 한국어를 가르쳐 주세요.   · 잠시만 기다려 줄 수 있어요?

 표에 쓰세요. Write it in the table.

-아/어/해 주세요			
말하다	말해 주세요	만들다	
읽다		가르치다	
보다		나가다	
듣다		기다리다	

연습 Practice

 보기 와 같이 말하세요.
Speak as shown in the <Example>.

보기

후이　　 줄리앙 씨, 펜 있어요?
줄리앙　 네, 펜 있어요.
후이　　 그럼 펜을 빌려 주세요.

1)

직원　　 전화번호를
　　　　 ＿＿＿＿＿＿＿＿＿＿＿.(말하다)
아루잔　 010-1234-9876이에요.

2)

하루카　 루카 씨, 지금 배드민턴을 칠까요?
루카　　 네, 잠시만
　　　　 ＿＿＿＿＿＿＿＿＿＿＿.(기다리다)

3)

에릭　　　 퓨퓨아웅 씨, 뭐 해요?
퓨퓨아웅　 김밥을 만들고 있어요.
　　　　　 에릭 씨, 앞에 있는 김을 좀
　　　　　 ＿＿＿＿＿＿＿＿＿＿.(주다)

4)

줄리앙　 왕페이 씨, 골프를 칠 수 있어요?
왕페이　 네, 골프를 칠 수 있어요.
줄리앙　 그럼 이번 주말에 골프를 좀
　　　　 ＿＿＿＿＿＿＿＿＿＿.(가르치다)

보기 의 문법을 사용하여 대화문을 완성하세요.

Complete the dialogue using the grammar from the <Example>.

보기	-(으)ㄹ 수 있다	못-	-아/어/해 주세요

1)

지원   오늘 줄리앙 씨 생일이에요. 선물을 주고 싶어요.

줄리앙   고마워요. 무슨 선물을 주고 싶어요?

지원   술 어때요?

줄리앙   미안해요, 저는 술을 _____.(마시다)

지원   그럼 옷 어때요?

줄리앙   그래요. 그럼 옷을 _____.(사다)

2)

에릭   루카 씨, _____?(수영하다)

루카   네. 저는 수영을 잘해요. 에릭 씨는요?

에릭   저는 _____.(수영하다)

　　　　수영을 배우고 싶어요.

루카   제가 수영을 가르쳐 줄까요?

에릭   좋아요. 주말에 수영을 _____.(가르치다)

3)

아루잔   퓨퓨아웅 씨, 같이 여행 갈까요?

퓨퓨아웅   좋아요. 아루잔 씨는 _____?(운전하다)

아루잔   네, 할 수 있어요. 퓨퓨아웅 씨는요?

퓨퓨아웅   저는 _____.(운전하다)

아루잔   그럼 제가 운전할까요? 퓨퓨아웅 씨가

　　　　맛집을 _____.(찾다)

퓨퓨아웅   네, 좋아요.

1. 다음을 듣고 O, X 하세요. (4-4)
Listen and mark O or X.

1) 줄리앙 씨는 노래를 잘해요.　　　　　　　　　　（　　　）

2) 퓨퓨아웅 씨는 스키를 탈 수 있어요.　　　　　　（　　　）

3) 퓨퓨아웅 씨와 줄리앙 씨는 내일 만날 거예요.　　（　　　）

4) 퓨퓨아웅 씨와 줄리앙 씨는 오늘 헬스장에 갈 거예요.　（　　　）

2. 다음을 듣고 질문에 답하세요. (4-5)
Listen to the following and answer the questions.

1) 하루카 씨와 아루잔 씨는 몇 시에 같이 운동해요?
What time do Haruka and Aruzhan exercise together?

① 6시　　　　② 6시 30분　　　　③ 7시　　　　④ 7시 30분

2) 다음 중 알맞은 것을 고르세요.
Choose the correct answer.

① 하루카 씨는 운동 못 해요.　　　　② 하루카 씨는 아침에 잘 일어나요.
③ 아루잔 씨는 6시 30분에 전화해요.　　④ 아루잔 씨는 내일 운동할 수 없어요.

3. 다음을 듣고 질문에 답하세요. (4-6)
Listen to the following and answer the questions.

1) 다음 중 알맞은 것을 고르세요.
Choose the correct answer.

① 지원 씨는 수영장에 안 가요.　　　　② 지원 씨는 헬스장에 안 가요.
③ 지원 씨는 점심을 먹을 수 없어요.　　④ 지원 씨는 한국어를 가르칠 수 없어요.

2) 지원 씨의 하루 일정으로 알맞은 것을 고르세요.
Choose the correct daily routine for Jiwon.

① 오전 6시: 집에 있어요.　　　　② 오후 5시: 학교에 있어요.
③ 오후 7시: 수영장에 있어요.　　④ 오후 9시: 헬스장에 있어요.

1. 여러분은 어떤 것을 잘 할 수 있어요? 3가지 이상 말해 보세요.

   What can you do well? Say at least three things.

2. 여러분은 어떤 것을 할 수 없어요? 3가지 이상 말해 보세요.

   What can't you do? Say at least three things.

3. 선생님에게 / 친구에게 부탁하고 싶은 것이 있어요? 3가지 이상 말해 보세요.

   Do you have any requests for the teacher or your friend? Say at least three things.

TIP

-에게: 다른 사람에게 하는 행동 앞에 '-에게' 라고 할 수 있어요. 조사 '-에게' 뒤에는 '주다, 묻다, 말하다, 가르치다, 배우다, 가다, 오다 등'와 같이 다른 사람에게 무언가를 해 주는 동사가 오는 경우가 많아요.

-에게: Use '-에게' before an action directed at another person. The particle '-에게' is often followed by verbs like '주다, 묻다, 말하다, 가르치다, 배우다, 가다, 오다' which involve doing something for someone else.

[예문]

· 남자친구가 여자친구에게 선물을 줘요. · 선생님이 아루잔 씨에게 한국어를 가르쳐요.

1. 친구는 무엇을 잘 할 수 있을까요? 생각하면서 5가지를 써 보세요. 그리고 친구에게 물어보세요.
What do you think your friend can do well? Write down five things and ask your friend.

	친구 이름 Friend's name: 친구 _____ (은/는) ~ -(으)ㄹ 수 있어요.	친구의 대답 Friend's answer
1		
2		
3		

2. 내가 먹을 수 없는 / 못 먹는 음식이 뭐예요? 나의 대답을 칠판에 써 보세요.
What food can't you eat? Write your answer on the board.

- 내가 먹을 수 있는 음식은 뭐예요?
  What food can you eat?

- 내가 먹을 수 없는 음식은 뭐예요?
  What food can't you eat?

- 나는 먹을 수 있어요. 하지만 친구는 먹을 수 없는 음식이 있어요?
  Is there food you can eat but your friend can't?

- 어떻게 하면 맛있게 먹을 수 있을까요? '-아/어/해 주세요'를 사용해서 이야기해 보세요.
  How can you eat it deliciously? Discuss using '-아/어/해 주세요.'

질문 Questions	네 Yes	아니요 No
1 나는 가능과 능력을 의미하는 '-(으)ㄹ 수 있다'를 사용하여 말할 수 있어요. I can use '-(으)ㄹ 수 있다' to express possibility and ability.		
2 나는 '-(으)ㄹ 수 없다'를 사용하여 불가능을 표현할 수 있어요. I can use '-(으)ㄹ 수 없다' to express impossibility.		
3 나는 '못-'을 사용하여 불가능을 표현할 수 있어요. I can use '못-' to express inability.		
4 나는 '-아/어/해 주세요'를 사용하여 다른 사람에게 부탁할 수 있어요. I can use '-아/어/해 주세요' to make requests of others.		

5과
Lesson 5

어제 뭐 했어요?

What did you do yesterday?

- 오늘은 몇 월 며칠이에요? What is today's date?
- 오늘 뭐 해요? 어제는요? 어제 뭐 했어요?
  What are you doing today? What about yesterday? What did you do yesterday?
- 그림을 보고 이야기해요. 이 사람은 왜 아파요?
  Look at the picture and talk about it. Why is this person sick?

학습 목표 Learning Objectives

1. 날짜와 요일 단어를 알고 말할 수 있어요.

   I can understand and say words for dates and days of the week in Korean.

2. '-았/었/했-'을 사용하여 과거의 일을 이야기할 수 있어요.

   I can use '-았/었/했-' to talk about past events.

3. '-아/어/해서(1)'를 사용하여 어떤 일의 이유를 이야기할 수 있어요.

   I can use '-아/어/해서(1)' to explain the reason for something.

날짜 date

지난달 → 이번 달 → 다음 달

5월	6월	7월
작년	올해	내년
2024년	2025년	2026년

	일요일 SUN	월요일 MON	화요일 TUE	수요일 WED	목요일 THU	금요일 FRI	토요일 SAT
지난주	4	5	6	7	8	9	10
이번 주	11	12 그저께	13 어제	14 오늘	15 내일	16 모레	17
다음 주	18	19	20	21	22	23	24
	25	26	27	28	29	30	

TIP

년, 월, 일 앞의 숫자는 한자어 숫자와 함께 사용해요. 그리고 한국에서는 날짜를 쓸 때, 년, 월, 일 순서로 써요.
Numbers before year, month, and day use Sino-Korean numbers. In Korea, the date is written in the order of year, month, and day.

[예문]

· 2024/01/01 → 2024년 1월 1일 (이천이십사년 일월 일일)
· 2025/03/21 → 2025년 3월 21일 (이천이십오년 삼월 이십일일)

학습 어휘 Learning Vocabulary

- 학기 semester
- 지각하다 to be late
- 선물을 받다 to receive a gift
- 병원 hospital
- 가족 family
- 기분이 좋다/나쁘다 to feel good/bad
- 아이스크림 ice cream
- 배고프다 to be hungry
- 오래 a long time

- 방학 vacation
- 고향 hometown
- 생일을 축하하다 to celebrate a birthday
- 약 medicine
- 왜 why
- 현재 present (time)
- 늦잠 oversleeping
- 많이 many/much

- 예전(에) in the past
- 비행기표 plane ticket
- 배 stomach
- 과거 past (time)
- 미래 future (time)
- 일찍 early
- 명동 Myeongdong

'배'는 발음은 같지만 뜻은 세 가지(과일 배 , 사람 몸의 배 , 바다에 뜬 배)가 있어요.

In Korean, the word '배' has the same pronunciation but has three different meanings(pear, stomach, ship).

연습 Practice

1. 다음 달력의 빈 칸을 채우세요.

Fill in the blanks in the following calendar In Korean.

오늘   어제   그저께   내일   모레   지난주   이번 주   다음 주

2025 / 11

SUNDAY	MONDAY	TUESDAY	WEDNESDAY	THURSDAY	FRIDAY	SATURDAY
						1
2	3	4	5	6	7	8
9	10	11	12 오늘	13	14	15
16	17	18	19	20	21	22
23	24	25	26	27	28	29
30						

2. 다음 날짜와 요일을 한글로 쓰세요.

Write the following dates and days of the week In Korean.

1) 2024/10/07 (Monday)   → _____

2) 2025/03/25 (Tuesday)   → _____

3) 2027/07/21 (Wednesday)   → _____

4) 2026/01/01 (Thursday)   → _____

5) 2025/08/15 (Friday)   → _____

6) 2028/11/11 (Saturday)   → _____

7) 2026/05/10 (Sunday)   → _____

문법 1 　 -았/었/했- 　 5-1

에릭　　어제 뭐 했어요?
후이　　어제 친구들을 만났어요.

안톤　　왕페이 씨, 오늘 왜 지각했어요?
왕페이　　오늘 늦잠을 잤어요. 그래서 지각했어요.

문법 사용 Using Grammar

- 시간의 흐름에 따라서 서로 다른 문법을 사용해요. 과거의 일을 이야기할 때는 '-았/었/했-' 문법을 사용해요.
  Depending on the time, different grammar is used. When talking about past events, the '-았/었/했-' grammar is used.

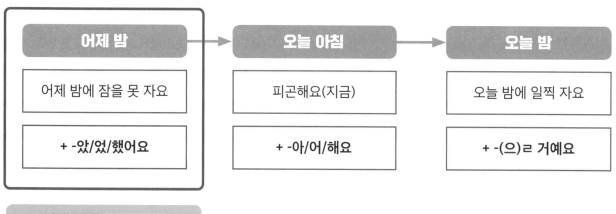

어제 밤	오늘 아침	오늘 밤
어제 밤에 잠을 못 자요	피곤해요(지금)	오늘 밤에 일찍 자요
+ -았/었/했어요	+ -아/어/해요	+ -(으)ㄹ 거예요

어제 잠을 못 잤어요

■ A/V + -았/었/했-

의미	과거의 일을 말함 Talking about past events		
형태 변화	동사(V) 형용사(A)	ㅏ, ㅗ (O)	좋다 - 좋아요 - 좋**았어요** 가다 - 가요 - **갔어요** *보다 - 봐요 - **봤어요**
		ㅏ, ㅗ (X)	먹다 - 먹어요 - 먹**었어요** 싫다 - 싫어요 - 싫**었어요** *듣다 - 들어요 - 들**었어요** (듣었어요 X) *아프다 - 아파요 - 아**팠어요** (아프었어요 X)
	명사(N) + 이다		책상 - 책상이에요 - 책상**이었어요** 가수 - 가수예요 - 가수**였어요**
	하다		공부하다 - 공부해요 - 공부**했어요** 똑똑하다 - 똑똑해요 - 똑똑**했어요**

[예문]

· 어제 너무 피곤했어요. · 지난주에 골프를 쳤어요. · 어제 영화관에서 영화를 봤어요.

표에 쓰세요. Write it in the table.

-았/었/했-			
읽다	읽었어요	맛없다	
걷다		운동하다	
배우다		행복하다	
보다		재미있다	
기쁘다		방학	
마시다		아이	

연습 Practice

 보기와 같이 말하세요.
Speak as shown in the <Example>.

보기

지원   루카 씨, 어제 뭐 했어요?

루카   명동에서 친구를 만났어요.

1)

퓨퓨아웅 에릭 씨, 지난주에 뭐 _____ ?

에릭   공원에서 배드민턴을 _____ .

2)

Japan

지원   하루카 씨는 작년에

       어디에 _____ ?

하루카 저는 작년에 일본에 _____ .

3)

Russia

왕페이 안톤 씨는 방학에 뭐 _____ ?

안톤   저는 방학에 고향에서

       가족을 _____ .

4)

줄리앙 후이 씨,

       어제 저녁에 뭐 _____ ?

후이   어제 저녁에 피자를 _____ .

| 루카 | 아루잔 씨, 왜 모임에 못 갔어요? | 퓨퓨아웅 | 지원 씨, 왜 배고파요? |
| 아루잔 | 일이 너무 **많아서** 못 갔어요. | 지원 | 아침에 밥을 못 **먹어서** 배고파요. |

문법 사용 Using Grammar

- '-아/어/해서'는 서로 다른 두 문장을 연결하는 문법이에요. 보통 이유나 원인을 나타내요.
  The '-아/어/해서' grammar connects two sentences with a cause-and-effect relationship. This grammar represent cause/ reason in common.

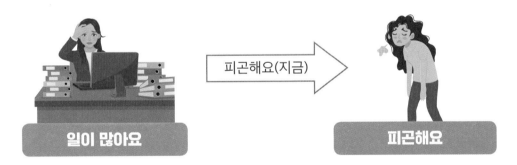

- 왜 피곤해요? → 일이 **많아서** 피곤해요. = 일이 많아요. 그래서 피곤해요.

■ A/V -아/어/해서

의미	어떤 일이 일어난 이유를 말함 Expressing the reason for something		
형태 변화	동사(V) 형용사(A)	ㅏ, ㅗ (O)	좋다 - 좋**아서** 만나다 - 만나**서**
		ㅏ, ㅗ (X)	먹다 - 먹**어서** 가르치다 - 가르**쳐서** *듣다 - 들**어서** (듣어서 X) *나쁘다 - 나**빠서** (나쁘어서 X)
	하다		공부하다 - 공부**해서** 좋아하다 - 좋아**해서**

[예문]

· 하루카 씨는 배가 아파서 병원에 갔어요.   · 안톤 씨는 시간이 없어서 친구를 못 만났어요.

TIP

'-아/어/해서' 문법은 항상 현재 시제(-아/어/해요)로 사용해요. 과거시제로 사용할 수 없어요.
The '-아/어/해서' grammar is always used in the present tense (-아/어/해요). It cannot be used in the past tense.

[예문]

· 밥을 못 먹었어요. 그래서 배고파요.   → 밥을 못 **먹어서** 배고파요. (먹었어서(X))
· 시간이 없었어요. 그래서 친구를 못 만났어요.   → 시간이 없어서 친구를 못 만났어요. (없었어서(X))

TIP

'-아/어/해서' 문법은 명령과 청유의 의미를 나타내는 문장과는 사용할 수 없어요.
The '-아/어/해서' cannot be used with imperative and suggestive sentences.

· 명령: 예) -아/어/해 주세요.
  Imperative sentence: Ex) -아/어/해 주세요.

· 청유: 예) -(으)ㄹ까요?
  Suggestive sentence: Ex) -(으)ㄹ 까요?

[예문]

· 밥을 못 먹어서 밥 먹을까요? (X)   · 떡볶이가 먹고 싶어서 만들어 주세요. (X)

 표에 쓰세요. Write it in the table.

-아/어/해서			
싫다	싫어서	재미있다	
오다		기다리다	
걷다		산책하다	
만들다		운전하다	
배우다		행복하다	
예쁘다		슬프다	
기쁘다		마시다	

연습 Practice

보기와 같이 말하세요.
Speak as shown in the <Example>.

보기

안톤   지원 씨, 오늘 왜 기분이 좋아요?

지원   오늘 날씨가 좋아서 기분이 좋아요.

1)

루카   왕페이 씨, 왜 피곤해요?

왕페이 운동을 _____ 피곤해요.

2)

지원   줄리앙 씨, 지난달에 고향에 갔어요?

줄리앙 아니요, 비행기 표가 너무

　　　　_____ 못 갔어요.

3)

지원   하루카 씨, 숙제 끝냈어요?

하루카 아니요, 숙제가 너무

　　　　_____ 못 끝냈어요.

4)

후이   에릭 씨, 오늘 운동했어요?

에릭   아니요, 오늘은 너무

　　　　_____ 운동 못했어요.

보기 와 같이 연습해 보세요.
Practice as shown in the <Example>.

| 보기 | -았/었/했- | -아/어/해서 |

1)

왕페이　에릭 씨, 어제 왜 모임에 안 _____?(오다)
에릭　저는 어제 머리가 _____(아프다) 모임에 못
　　　　_____.(가다)
왕페이　그래요? 지금은 어때요?
에릭　지금은 안 아파요. 고마워요.

2)

퓨퓨아웅　하루카 씨, 방학에 뭐 _____?(하다)
하루카　방학에 바다에 _____(가다)
　　　　저는 수영을 _____(좋아하다)
　　　　바다에서 _____.(수영하다)

3)

지원　후이 씨, 주말에 뭐 했어요?
후이　저는 지난 주말에 집에서 불고기를 _____.(만들다)
지원　그래요? 맛있었어요?
후이　아니요, 제가 요리를 _____(못하다)
　　　　_____.(맛없다)

1. 다음을 듣고 알맞은 것을 고르세요. 5-3

Listen and choose the correct answer.

① 아루잔 씨는 회사원이에요.
② 줄리앙 씨는 어제 지각했어요.
③ 아루잔 씨는 게임을 하고 싶었어요.
④ 줄리앙 씨는 게임을 밤 12시에 멈췄어요.

2. 다음을 듣고 질문에 답하세요. 5-4

Listen to the following and answer the questions.

1) 다음 중 알맞은 것을 고르세요.

Choose the correct one among the following.

① 지원 씨는 금요일에 집에 있었어요.
② 지원 씨는 토요일에 회사에 갔어요.
③ 지원 씨는 명동의 '한국 식당'을 좋아해요.
④ 지원 씨는 여름 옷이 많아서 쇼핑을 안 했어요.

2) 지원 씨는 무엇을 했어요? 알맞은 답을 고르세요.

What did Jiwon do? Choose the correct answer.

① 월요일: 선생님을 만났어요.
② 화요일: 집에서 청소했어요.
③ 수요일: 명동에 갔어요.
④ 목요일: 겨울 옷을 샀어요.

1. 어제 뭐 했어요? 3가지 이상 이야기해 보세요.
Talk about at least three things you did yesterday.

2. 지난주에 뭐 했어요? 3가지 이상 이야기해 보세요.
Talk about at least three things you did last week.

3. 작년에 뭐 했어요? 3가지 이상 이야기해 보세요.
Talk about at least three things you did last year.

4. 다음 문장을 보고 어떤 이유나 원인이 있었을지 이야기해 보세요.
Look at the following sentences and talk about the possible causes or reasons, in the blanks.

	-아/어/해서	결과 Result
1		피곤해요
2		행복해요
3		한가해요
4		배가 아파요
5		옷을 샀어요
6		머리가 아파요
7		요리를 잘해요
8		기분이 좋아요
9		기분이 나빠요
10		방이 깨끗해요
11		한국어를 잘해요
12		수업에 지각했어요
13		방학에 고향에 갔어요

1. 어제 여러분의 모습을 그려 보세요. 어떤 옷을 입었어요?

Draw a picture of yourself from yesterday. What clothes were you wearing?

치마를 입다 바지를 입다 티셔츠를 입다 모자를 쓰다 안경을 끼다 목도리를 하다
가방을 매다 가방을 들다 귀걸이를 하다 목걸이를 하다 장갑을 끼다 가방을 메다

2. 지난주 월요일~금요일에 뭐 했어요? 친구와 선생님에게 이야기해 보세요.

Talk about your schedule from last Monday to Friday with your friend and teacher.

월요일	화요일	수요일	목요일	금요일

	질문 Questions	네 Yes	아니요 No
1	나는 날짜와 요일 단어를 사용하여 과거의 일을 말할 수 있어요. I can talk about past events using date and week of the day words in Korean.		
2	나는 과거의 일을 나타내는 '-았/었/했-'을 사용하여 말할 수 있어요. I can use '-았/었/했-' to talk about past events.		
3	나는 어떤 일의 이유를 나타내는 '-아/어/해서'를 사용하여 말할 수 있어요. I can use '-아/어/해서' to explain the reason for something.		

MEMO

6과
Lesson 6

날씨가 좋으면
어디에 갈 거예요?

Where will you go if the weather is nice?

- 오늘 날씨가 어때요? How is the weather today?
- 오늘 뭐 해요? 내일은요? What are you doing today? What about tomorrow?
- 여러분은 아침에 일어나서 뭐 해요?
  You wake up in the morning. And then what do you do?

학습 목표 Learning Objectives

1. 날씨, 계절 단어를 사용하여 이야기할 수 있어요.
   I can talk about weather and season words in Korean.

2. '-(으)ㄹ 거예요'를 사용하여 미래의 일을 이야기할 수 있어요.
   I can use '-(으)ㄹ 거예요' to talk about future events.

3. '-(으)면'을 사용하여 아직 일어나지 않은 일과 조건에 따른 결과를 이야기할 수 있어요.
   I can use '-(으)면' to talk about conditions and results that have not yet happened.

4. '-아/어/해서(2)'를 사용하여 순서를 이야기할 수 있어요.
   I can use '-아/어/해서(2)' to talk about sequences.

날씨, 계절 weather, seasons

덥다

따뜻하다

춥다

시원하다

쌀쌀하다

날씨가 맑다

날씨가 흐리다

바람이 불다

비가 오다 / 내리다

눈이 오다 / 내리다

우산

비가/눈이 그치다

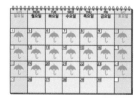
장마

날씨

일기예보

계절

봄

여름

가을

겨울

학습 어휘 Learning Vocabulary

- 딸 daughter
- 무겁다 to be heavy
- 가져가다 to bring
- 바다 sea
- 한복 Hanbok
- 감기에 걸리다 to catch a cold
- 시험을 (잘 / 못) 보다 to do well/poorly on an exam
- 꽃이 피다 / 꽃이 지다 flowers bloom / flowers fall
- 낙엽이 지다 leaves fall
- 장학금 scholarship

- 세수하다 to wash one's face
- 무섭다 to be scary
- 휴가 vacation
- 눈사람 snowman
- (음식을) 주문하다 to order (food)

- 맵다 to be spicy
- 우산 umbrella
- 살이 찌다 to gain weight
- 부침개 Korean savory pancake
- (음식을) 배달하다 to deliver (food)
- 음식 food
- 부산 Busan

연습 Practice

 1. 다음 빈 칸에 들어갈 알맞은 표현을 보기 에서 찾아서 쓰세요.

Find and write the correct expression from the <Example> for the following blanks.

보기   오다   불다   맑다

① 비가 _____   ② 눈이 _____

③ 바람이 _____   ④ 날씨가 _____

2. 보기 와 같이 반대되는 단어를 쓰세요.

Write the words as shown in the <Example>.

보기   좋다 ↔ 나쁘다

① 덥다   ↔ _____
② 따뜻하다   ↔ _____
③ 날씨가 맑다 ↔ _____
④ 비가 내리다 ↔ _____

문법 1 -(으)ㄹ 거예요 (6-1)

지원 후이 씨, 이번 주말에 뭐 **먹을 거예요?**

후이 이번 주말에 불고기를 **먹을 거예요.**

에릭 루카 씨, 내일 날씨가 어때요?

루카 내일 **비가 올 거예요.**

문법 사용 Using Grammar

- 시간의 흐름에 따라서 서로 다른 문법을 사용해요. 미래의 일을 이야기할 때는 '-(으)ㄹ 거예요' 문법을 사용해요.
  Depending on the time, different grammar is used. When talking about future events, the -(으)ㄹ 거예요-grammar is used..

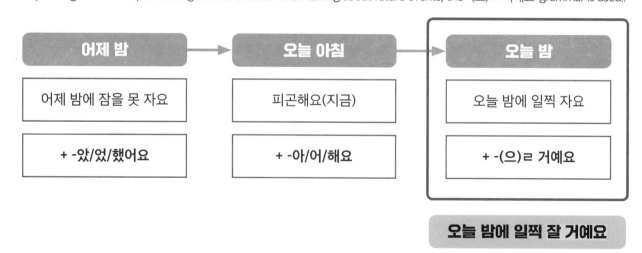

어제 밤	오늘 아침	오늘 밤
어제 밤에 잠을 못 자요	피곤해요(지금)	오늘 밤에 일찍 자요
+ -았/었/했어요	+ -아/어/해요	+ -(으)ㄹ 거예요

오늘 밤에 일찍 잘 거예요

■ A/V + -(으)ㄹ 거예요

의미	미래의 일을 말함 Talking about future events
형태 변화	**받침 O**	먹다: 먹어요 - 먹었어요 - 먹**을 거예요** 좋다: 좋아요 - 좋았어요 - 좋**을 거예요** *듣다: 들어요 - 들었어요 - 들**을 거예요** <div style="text-align:right">(듣을 거예요 X)</div>*춥다: 추워요 - 추웠어요- 추**울 거예요**(TIP) <div style="text-align:right">(춥을 거예요 X)</div>
	받침 X, 받침 ㄹ	가다: 가요 - 갔어요 - **갈 거예요** 오다: 오다 - 왔어요 - **올 거예요** *만들다: 만들어요 - 만들었어요 - 만들 **거예요** <div style="text-align:right">(만들을 거예요 X)</div>

TIP

ㅂ 불규칙 ㅂ irregularity rule

√ 덥다, 춥다, 가깝다, 맵다, 무겁다, 쉽다, 어렵다 + 아, 어, 으 ····· = ㅂ → 우

→ 덥다 + 아/어/해요 = 덥+어요 → 더우+어요 → 더워요

예)

	-아/어/해요	-아/어/해서	-았/었/했-	-(으)ㄹ 거예요	-(으)ㄹ 수 있어요
맵다	매워요	매워서	매웠어요	매울 거예요	매울 수 있어요
쉽다	쉬워요	쉬워서	쉬웠어요	쉬울 거예요	쉬울 수 있어요

※ 돕다, 곱다

: 예외적으로 다음과 같이 사용해요. Used exceptionally as follows.

	-아/어/해요	-아/어/해서	-았/었/했-	-(으)ㄹ 거예요	-(으)ㄹ 수 있어요
돕다	도**와**요	도**와**서	도**왔**어요	도울 거예요	도울 수 있어요
곱다	고**와**요	고**와**서	고**왔**어요	고울 거예요	고울 수 있어요

• '돕다'는 주로 '-아/어/해 주세요'와 같이 사용해요.

　'돕다' is often used with '-아/어/해 주세요.'

　예) 도와 주세요!

※ 입다

: 받침이 ㅂ이지만 불규칙 단어가 아니에요. Even though it has the ㅂ final consonant, it is not an irregular verb.

	-아/어/해요	-아/어/해서	-았/었/했-	-(으)ㄹ 거예요	-(으)ㄹ 수 있어요
입다	입어요	입어서	입었어요	입을 거예요	입을 수 있어요

[예문]

· 내일 빨간색 치마를 입을 거예요.　　　· 떡볶이가 매웠어요.　　　· 한국어가 쉬워요.

연습 Practice

 보기 와 같이 말하세요.
Speak as shown in the <Example>.

보기

지원   아루잔 씨는 내일 뭐 할 거예요?

아루잔   내일 도서관에서 책을 읽을 거예요.

1)

후이   내일 날씨가 어때요?

에릭   내일 _____ .

2)
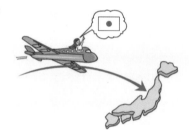

안톤   하루카 씨, 방학에 뭐

_____ ?

하루카   방학에 일본에

_____ .

3)

루카   몇 시에 점심을

_____ ?

퓨퓨아웅 12시에 점심을

_____ .

4)

줄리앙   지원 씨, 휴가에 뭐

_____ ?

허지원   살이 _____ (-아/어/해서)

_____ .

문법 2 -(으)면 🎧6-2

줄리앙   주말에 뭐 할 거예요?

후이   주말에 **날씨가 좋으면** 바다에 갈 거예요.

비가 오면 부침개를 먹을 거예요.

문법 사용 Using Grammar

● 아직 일어나지 않은 일을 가정해서 이야기할 때 그리고 어떤 상황의 조건을 설명할 때 '-(으)면'을 사용할 수 있어요. '-(으)면'은 앞에서 배운 '-(으)ㄹ 거예요'와 같이 사용할 때가 많아요.

Use the '-(으)면' grammar to imagine and talk about things that have not happened yet or to explain conditions. '-(으)면' is often used with the previously learned '-(으)ㄹ 거예요' grammar.

■ A/V + -(으)면

의미	일어나지 않은 일을 가정해서 말하거나 조건의 의미로 말함 Imagining and talking about things that have not happened or explaining conditions			
형태 변화	**받침 O**	먹다: 먹**으면** 좋다: 좋**으면** *듣다: **들으면** (듣으면 X) *춥다: **추우면** (춥으면 X)	**받침 X, 받침 ㄹ**	가다: 가**면** 오다: 오**면** *만들다: 만들**면** (만들으면 X)

[예문]

· 그 식당에 사람이 많으면 안 갈 거예요.   · 이 책을 읽으면 한국어를 잘 할 수 있어요.

TIP

'-(으)ㄹ 거예요'는 앞에서 배운 미래의 의미와 함께, 추측의 의미로도 사용해요. 즉, 앞으로 일어날 일을 예측해서 이야기할 수 있어요.

'-(으)ㄹ 거예요' can be used not only to talk about the future but also to express speculation. It allows you to imagine and talk about things that will happen.

[예문]

· 이 음식을 먹으면 맛있을 거예요.   · 이 옷을 입으면 예쁠 거예요.

TIP

한국에서는 비가 오면 김치전, 부추전, 감자전 등의 부침개를 먹어요. 비가 오는 소리와 부침개를 만들 때 나는 소리가 비슷하기 때문이라고 해요.

In Korea, people eat savory pancakes like kimchi-jeon, chive-jeon, and potato-jeon when it rains. This is because the sound of making pancakes is similar to the sound of rain.

 표에 쓰세요. Write it in the table.

-(으)면			
먹다	먹으면	맵다	
읽다		배우다	
좋다		예쁘다	
살다		만들다	
주다		마시다	

보기 와 같이 말하세요.
Speak as shown in the <Example>.

보기

에릭   내일 비가 오면 뭐 할 거예요?

톰   내일 비가 오면 집에서 쉴 거예요.

1)

지원   주말에 친구를 _____(만나다)

       뭐 _____?(하다)

왕페이   주말에 친구를 _____ 영화를 _____ .

2)

하루카   한국에 _____(가다)

       뭐 _____?(하다)

친구   한국에 _____ 한복을 _____.

3)

루카   만약 돈이 _____(있다) 뭐 _____?(하다)

줄리앙   만약 돈이 _____ 집을 _____.

문법 3 -아/어/해서 (2)  6-3

| 지원 | 오늘 뭐 할 거예요? |
| 줄리앙 | 오늘 도서관에 <mark>가서</mark> 책을 읽을 거예요. |

| 왕페이 | 어제 뭐 했어요? |
| 아루잔 | 어제 친구를 <mark>만나서</mark> 커피를 마셨어요. |

문법 사용 Using Grammar

- '-아/어/해서'는 5과에서 배웠어요. 앞에서 배운 '-아/어/해서'는 이유나 원인을 말할 때 사용해요.
  The '-아/어/해서' grammar was learned in a previous lesson. It is used to explain reasons.
  예) 일이 많아서 피곤해요.

- 오늘 배우는 '-아/어/해서(2)'는 두 문장의 시간적 순서를 나타낼 때 사용해요.
  Today's '-아/어/해서'(2) grammar connects two sentences and indicates sequence.

① 아침에 일어나요   ② 세수해요

아침에 일어나서 세수해요.

TIP

연결하는 두 문장의 주어는 같아야 해요. 주어가 다르면 사용할 수 없어요.

The subjects of the two connected sentences must be same. This grammar cannot be used if the subjects are different.

[예문]

· **하루카**는 학교에 가요 + **하루카**는 공부해요 → 하루카는 학교에 가서 공부해요. (O)
· **하루카**는 학교에 가요 + **아루잔**은 공부해요 → 하루카는 학교에 가서 아루잔은 공부해요. (X)

'아/어/해서(2)'는 항상 현재 시제로 사용해요. 과거 시제로 사용할 수 없어요.

[예문]

· 하루카는 학교에 갔어서 공부했어요. (X)

■ A/V + -아/어/해서 (2)

의미	어떤 두 사건의 시간적 순서를 나타냄 Talking about the sequence of two events				
형태 변화	동사(V) 형용사(A)	ㅏ, ㅗ (O)	좋다 - 좋아서 가다 - 가서 오다 - 와서	ㅏ, ㅗ (X)	먹다 - 먹어서 *듣다 - 들어서 (듣어서 X) 주다 - 줘서 *나쁘다 - 나빠서 (나쁘어서 X) *아프다 - 아파서 (아프어서 X)
	하다	공부하다 - 공부해서		운동하다 - 운동해서	

[예문]

· 저는 떡볶이를 만들어서 먹었어요.   · 지원 씨는 백화점에 가서 옷을 살 거예요.
· 자리에 앉아서 기다려 주세요.

TIP

'-아/어/해서'(2)에 사용되는 두 문장은 서로 밀접한 관련이 있어요. '-고'와는 의미가 달라요.

The two sentences connected by '-아/어/해서'(2) are closely related, different from the meaning expressed by '-고.'

① 친구를 만나요   ② 숙제를 해요.

연습 Practice

 보기 와 같이 말하세요.
Speak as shown in the <Example>.

보기

에릭   어제 뭐 했어요?
퓨퓨아웅 어제 친구를 만나서 쇼핑했어요.

1)

하루카   지난 주말에 뭐 했어요?
에릭   한강에 _____(가다)
         자전거를 _____.(타다)

2)

지원   저녁에 뭐 먹을 거예요?
아루잔   저녁에 집에서 한국 음식을
         _____(만들다)
         _____.(먹다)

3)

하루카   어제 뭐 먹었어요?
후이   어제 피자를 _____(주문하다)
         _____.(먹다)

4)

루카   지원 씨 생일에 뭐 할 거예요?
안톤   선물을 _____(사다)
         지원 씨에게 _____.(주다)

보기 와 같이 연습해 보세요.
Practice as shown in the <Example>.

| 보기 | -아/어/해서 | -(으)면 | -(으)ㄹ 거예요 |

1)

하루카　내일 뭐 _____?(하다)

친구　　내일 도서관에 _____.(가다)

하루카　왜요? 내일은 토요일이에요.

친구　　다음 주에 시험이에요. 시험을 _____(못 보다)

　　　　장학금을 못 받아요.

2)

지원　　아루잔 씨, 어제 어디에서 쇼핑했어요?

아루잔　어제 우리 딸하고

　　　　백화점에 _____(가다) 쇼핑했어요.

지원　　하하, 정말요? 딸이 좋아했어요?

아루잔　네, 아주 좋아했어요. 이번 주말에

　　　　시간이 _____(있다)

　　　　명동에 _____(가다) _____.(쇼핑하다)

PART 4 〉〉 듣기 Listening

1. 다음을 듣고 질문에 답하세요. 🎧 6-4

Listen to the following and answer the questions.

1) 다음 중 알맞은 것을 고르세요.

Choose the correct one among the following.

① 여름에는 추워요.
② 봄에는 꽃이 펴요.
③ 겨울에는 낙엽이 져요.
④ 가을에는 바다에 갈 수 있어요.

2) 한국에는 언제 비가 많이 와요?

When does it rain a lot in Korea?

① 봄   ② 여름   ③ 가을   ④ 겨울

2. 다음을 듣고 O, X 하세요. 🎧 6-5

Listen and mark O or X.

1) 다음 주에는 비가 올 거예요.   (   )
2) 아루잔 씨는 비가 오면 부산 바다에 갈 거예요.   (   )
3) 아루잔 씨는 다음 주에 고향에 갈 거예요.   (   )
4) 아루잔 씨는 지난주에 부산에서 바다를 봤어요.   (   )

1. 여러분은 뭐 할 거예요? 이야기해 보세요.

What will you do? Talk about it.

	-(으)ㄹ 거예요
내일	
모레	
다음 주	
다음 달	
내년	
다음 학기	

2. 다음과 같은 상황에서 어떤 것을 할 수 있을까요? 이야기해 보세요.

What can you do in the following situations? Talk about it.

	-(으)면
심심해요	
비가 와요	
눈이 와요	
배가 고파요	
날씨가 좋아요	
감기에 걸렸어요	
친구 생일이에요	
기분이 안 좋아요	
날씨가 안 좋아요	
한국어가 어려워요	

1. 다음 질문의 답을 생각해 보고, 친구를 인터뷰해 봅시다.

   Think about the answers to the following questions and interview a friend.

   1) 공원에 가서 보통 무엇을 해요?

   What do you usually do when you go to the park?

   2) 친구를 만나서 보통 뭐 해요?

   How do you usually do when you meet friends?

   → 저는 _____(-아/어/해서) 먹어요.

2. 여러분은 다음 주 월요일~일요일에 뭐 할 거예요? 다음 표에 여러분의 일정을 쓰세요.
   그리고 친구와 선생님에게 여러분의 일정을 같이 이야기해 보세요.

   What will you do next Monday to Sunday? Write your schedule in the table below. Then share your schedule with your friend and teacher.

월요일	화요일	수요일	목요일	금요일	토요일	일요일

질문 Questions	네 Yes	아니요 No
1 나는 날씨, 계절 단어를 사용하여 이야기할 수 있어요. I can talk about the weather and seasons using related vocabulary in Korean.		
2 나는 '-(으)ㄹ 거예요'를 사용하여 미래의 일을 이야기할 수 있어요. I can use '-(으)ㄹ 거예요' to talk about future events.		
3 나는 '-(으)면'을 사용하여 아직 일어나지 않은 일과 조건에 따른 결과를 이야기할 수 있어요. I can use '-(으)면' to talk about things that haven't happened yet and the conditions for certain results		
4 나는 '-아/어/해서(2)'를 사용하여 순서를 이야기할 수 있어요. I can use '-아/어/해서(2)' to talk about sequences.		

7과
Lesson 7

염색을 하러
미용실에 가요.

I am going to the salon to get my hair dyed.

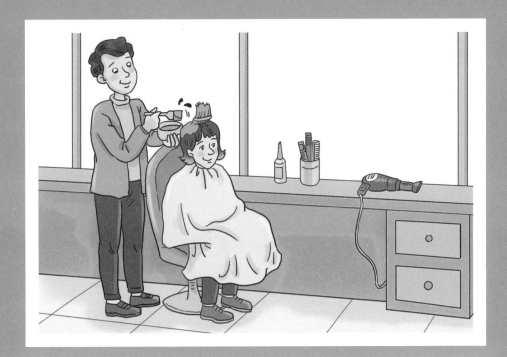

- 여러분은 미용실에 자주 가요? Do you go to the salon often?
- 미용실에 왜 가요? Why do you go to the salon?
- 한국에서 미용실에 간다면 어떤 머리를 하고 싶어요?
  If you go to a beauty salon in Korea, what kind of hairstyle would you like to try?

학습 목표 Learning Objectives

1. 머리 스타일, 미용실, 이발소 관련 단어를 사용하여 이야기할 수 있어요.

   I can talk about hairstyles and salon-related vocabulary in Korean.

2. '-(으)려고'를 사용하여 나의 목적을 이야기할 수 있어요.

   I can use '-(으)려고' to talk about my intentions.

3. '-(으)러 가다'를 사용하여 어떤 목적을 위해 특정한 장소에 가는 것을 이야기할 수 있어요.

   I can use '-(으)러 가다' to talk about going to a specific place for a particular purpose.

머리 스타일 Hairstyles

미용실

이발소

머리를 기르다

머리를 자르다

머리를 깎다

파마(를) 하다

염색(을) 하다

스포츠 머리

(숏)커트 머리

단발 머리

파마 머리(펌)

머리카락

머리

머리를 감다

머리를 말리다

머리를 빗다

(헤어) 드라이기

빗

샴푸

가위

머리/
머리카락

머리카락

학습 어휘 Learning Vocabulary

- 쓰다 to write / to wear / to use
- 약국 pharmacy
- 친구를 사귀다(만들다) to make a friend
- 편지/소포를 보내다 to send a letter/package
- 목표를 이루다 to achieve a goal
- 늦다 to be late

- 미용사 hairdresser
- 약을 사다 to buy a medicine
- 책을 빌리다 to borrow a book

- 머리를 하다 to get one's hair done
- 빨리 quickly/hurry

- 찾다 to search for
- 질문하다 to ask a question

- 약속 appointment

- 공포 영화 horror movie

연습 Practice

1. 다음 그림을 보고 알맞은 표현을 쓰세요.

Write the correct expression for each picture.

문법 1 -(으)려고   7-1

왕페이   어제 뭐 했어요?
아루잔   시험을 잘 **보려고** 공부했어요.

지원   졸업하면 뭐 **하려고 해요**?
하루카   졸업하면 일본에 **가려고 해요**.

문법 사용 Using Grammar

● '-(으)려고' 뒤에 '-하다'가 붙어서 '-(으)려고 하다'라고 할 때는 어떤 행동을 할 의도나 욕망, 또는 계획을 가지고 있음을 나타낼 때 사용해요.
'-(으)려고 하다' that used '-하다' after '(으)려고' is used to indicate that you have an intention, desire, or plan to do something.

배가 고파요 → 먹고 싶어요 → **라면이 먹고 싶어요** 그래서 → **라면을 먹으려고 해요**

[예문]

· 저는 내일 운동을 하려고 해요.
· 저는 주말에 명동에 가서 선물을 사려고 해요.
· 저는 오늘 축구를 하려고 했어요. 그런데 비가 와서 커피숍에 갔어요.
  → 축구를 하고 싶었어요. 그런데 못 했어요.

■ V + -(으)려고

의미	내가 하고 싶은 일의 의도나 욕망, 계획을 말할 수 있음 Stating the intention, desire, or plan of what I want to do		
형태 변화	**받침 O**	먹다: 먹**으려고** 읽다: 읽**으려고** *듣다: 들**으려고** (듣으면 X)	**받침 X, 받침 ㄹ**	가다: 가**려고** 마시다: 마시**려고** 청소하다: 청소하**려고** *만들다: 만들**려고** (만들으려고 X)

[예문]

· 저는 영화를 보려고 영화관에 가요.   · 지원 씨는 머리를 말리려고 드라이기를 썼어요.
· 안톤 씨는 한국어를 배우려고 한국에 왔어요.

TIP

① 형용사와는 사용할 수 없어요. Adjectives cannot be used with -(으)려고 grammar.
   (작다 → 작으려고 (X))
② '-(으)려고 하다'와 '-(으)ㄹ 거예요' 비교 Comparison between '-(으)려고 하다' and '-(으)ㄹ 거예요'

-(으)려고 하다	-(으)ㄹ 거예요
어떤 행동을 할 의도가 있어요. There is an intention to do an action. [예문] A: 지금 뭐 해요? B: 밥을 먹으려고 해요.	예정된 일을 나타낼 때 사용해요. It can be used to indicate an scheduled events. [예문] A: 저녁에 뭐 할 거예요? B: 친구를 만날 거예요.
과거의 사실에 대해서도 쓸 수 있어요. It can be used for past facts. [예문] · 저는 어제 영화를 보려고 했어요. (O)	미래의 사실에만 사용해요. It can be used only for future facts. [예문] · 저는 어제 영화를 볼 거예요. (X) · 저는 내일 영화를 볼 거예요. (O)

③ 명령문, 청유문과는 사용할 수 없어요.
   It cannot be used with imperative forms (-(으)세요) or suggestive forms (-(으)ㄹ까요?).

[예문]

· 밥을 먹으려고 식당에 가 주세요. (X)   · 한국어를 공부하려고 한국에 갈까요? (X)

 표에 쓰세요. Write it in the table.

-(으)려고			
오다	오려고	배우다	
가다		말리다	
읽다		만들다	
걷다		말하다	
살다		자르다	
빗다		일어나다	
찾다		파마하다	
기르다		염색하다	

보기 와 같이 말하세요.
Speak as shown in the <Example>.

보기

줄리앙 왕페이 씨는 왜 한국에 왔어요?

왕페이 한국에서 일하려고 한국에 왔어요.

1)

후이 하루카 씨, 방학에 뭐 할 거예요?

하루카 저는 방학에 일본에
_____ 해요.

2)

지원 주말에 뭐 해요?

에릭 자전거를 _____ 해요.

3)

후이 줄리앙 씨, 드라이기가
어디에 있어요?

줄리앙 여기 있어요.
제가 머리를 _____ 썼어요.

4)

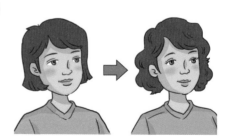

후이 머리 어떻게 할 거예요?

아루잔 저는 _____ 해요.

문법 2 -(으)러 가다/오다 7-2

퓨퓨아웅 하루카 씨, 어디에 가요?

하루카 미용실에 **파마하러 가요.**

허지원 퓨퓨아웅 씨, 주말에 뭐 할 거예요?

퓨퓨아웅 주말에 친구하고 영화를 **보러 갈 거예요.**

문법 사용 Using Grammar

- '-(으)러 가다/오다'는 '가다/오다'의 목적을 나타내요. 서로 다른 두 문장을 연결하는데, 뒤의 서술어는 '가다/오다'만 사용해요.
  '-(으)러 가다/오다' refers to the purpose of '가다/오다'. It connects two different sentences, and the following predicate only uses '가다/오다'.

■ V + -(으)러 가다/오다

의미	어떤 장소에 가는 목적을 말함 Stating the purpose of going to a place		
형태 변화	**받침 O**	먹다: 먹**으러 가다/오다** 읽다: 읽**으러 가다/오다** *듣다: 들**으러 가다/오다** (듣으러 가다 X)	**받침 X, 받침 ㄹ**	마시다: 마시**러 가다** 청소하다: 청소하**러 가다** *만들다: 만들**러 가다** (만들으러 가다 X)

[예문]

· 저는 염색을 하러 미용실에 갈 거예요.

· 저는 오늘 약을 사러 약국에 갈 거예요.

· 질문을 하러 선생님에게 와도 돼요.

TIP

'N에/에게 -(으)러 가다/오다'에서 'N'이 장소일 때는 '-에', 'N'이 사람일 때는 '-에게'를 사용해요.
In 'N에/에게 -(으)러 가다/오다,' use '-에' if 'N' is a place, and '-에게' if 'N' is a person.

[예문]

· 저는 <u>선생님에게</u> 질문하러 갔어요.

· 저는 <u>친구에게</u> 선물을 주러 갈 거예요.

표에 쓰세요. Write it in the table.

-(으)러 가다			
보다	보러 가요	배우다	
놀다		만들다	
살다		마시다	
씻다		자르다	
주다		파마하다	
걷다		염색하다	

보기와 같이 말하세요.

Speak as shown in the <Example>.

보기

지원   루카 씨, 지금 어디에 가요?
루카   약을 사러 약국에 가요.

1)

지원   오늘 뭐 해요?
후이   친구 집에

_____.

2)

루카   지금 어디에 가요?
안톤   도서관에 책을

_____.

3)

에릭   어디에 가요?
지원   미용실에

_____.

4)

퓨퓨아웅 아루잔 씨, 어디에 가요?
아루잔   우체국에 소포를

_____.

보기 와 같이 연습해 보세요.
Practice as shown in the <Example>.

보기	-(으)려고 -(으)러

1)

아루잔   안톤 씨, 우체국에 왜 왔어요?

안톤   고향에 소포를 _____(보내다) 왔어요.

아루잔   무슨 소포예요?

안톤   고향에 딸이 있어요.

          딸에게 선물을 _____(보내다) 해요.

2)

에릭   내일 같이 영화를 _____(보다) 갈까요?

루카   좋아요. 어떤 영화를 보고 싶어요?

에릭   공포 영화를 _____(보다) 해요.

루카   에릭 씨, 공포 영화는 무서워서 싫어요.

3)

줄리앙   후이 씨, 왜 오늘 약속에 늦었어요?

          제가 오래 기다렸어요.

후이   줄리앙 씨, 미안해요.

          빨리 _____(오다) 했어요.

          그런데 샴푸가 없어서 가게에

          샴푸를 _____(사다) 갔어요.

          그래서 약속에 늦었어요.

1. 다음을 듣고 O, X 하세요. 〔7-3〕
Listen and mark O or X.

1) 지원 씨는 방학에 일본에 갈 거예요. ( )
2) 하루카 씨는 방학에 고향에 가지 않을 거예요. ( )
3) 하루카 씨는 방학에 가족을 만나러 갈 거예요. ( )
4) 지원 씨는 방학에 하루카 씨의 집에 갈 거예요. ( )

 2. 다음을 듣고 질문에 대답하세요. 〔7-4〕
Listen to the following and answer the questions.

1) 다음을 듣고 틀린 것(X)을 고르세요.
Listen and choose the INCORRECT one.

① 아루잔 씨는 머리가 길어요.
② 아루잔 씨는 오늘 염색했어요.
③ 지원 씨는 오늘 머리를 잘랐어요.
④ 미용실에는 오늘 손님이 두 명 왔어요.

2) 다음 그림을 보고 누가 지원 씨인지 고르세요.
Look at the picture and mark who Jiwon is.

1. 여러분은 올해 목표를 이루려고 해요. 무엇을 하려고 해요? 이야기해 보세요.
   You are trying to achieve your goals this year. What do you need to do? Talk about it.

   예) 살을 빼려고 운동해요.
   　　한국어를 공부하려고 한국 드라마를 봐요.

2. 어디에 가면 여러분 올해 목표를 이룰 수 있어요? 이야기해 보세요.
   Where should you go to achieve your goals this year? Talk about it.

   예) 살을 빼러 헬스장에 가요.
   　　한국어를 공부하러 학교에 가요.

3. 그림을 보고 보기 와 같이 말하세요.
   Look at the picture and speak as shown in the <Example>.

보기

이번 방학에 미얀마에 가려고 해요.

1) 비행기 안에서 음악을 _____.

2) 미얀마에서 한국어 공부를 _____.

3) 친구들에게 선물을 _____.

4) 미얀마에서 친구들과 사진을 _____.

5) 미얀마에서 바다에 가서 _____.

1. 미용실에 간다면 어떤 머리를 하고 싶어요? 내가 하고 싶은 머리를 그려 보세요.
   If you go to the salon, what hairstyle would you like? Draw the hairstyle you want.

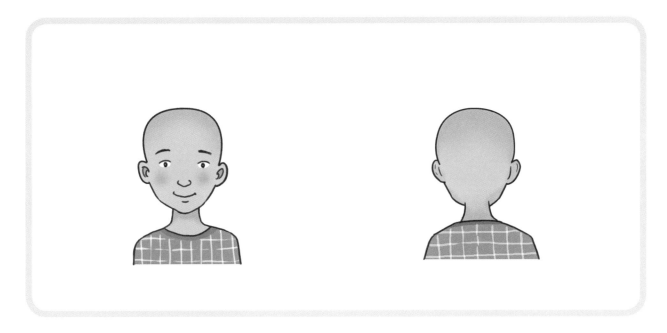

2. 친구와 대화를 만들어 보세요.
   Create a dialogue with a friend.

염색하다   파마하다   (숏)커트하다

머리를 감다   머리를 빗다   머리를 자르다

보기	[커피숍]
	친구1 오늘 뭐 해요?
	친구2 저는 오늘 <u>머리를 자르고 싶어요.</u>
	친구1 아 그래요? 저는 오늘 <u>염색을 하고 싶어요.</u>
	친구2 그럼 오늘 머리를 하러 미용실에 같이 갈까요?
	친구1 네, 좋아요.

보기

[미용실]

미용사	어서 오세요. 머리를 어떻게 해 드릴까요?
친구1	저는 머리를 자르려고 해요. / 머리를 자르려고 왔어요.
친구2	저는 오늘 염색을 하려고 해요. / 염색을 하려고 왔어요.
미용사	네, 알겠어요.

TIP

'어떻게 해 드릴까요?'는 미용실에서 사용하는 표현이에요. '어떤 스타일의 머리를 하고 싶어요?'라는 뜻이에요.
'어떻게 해 드릴까요?' is a phrase used in the salon. It means 'What kind of hairstyle do you want?'

질문 Questions	네 Yes	아니요 No
1 나는 머리 스타일과 미용실, 이발소와 관련된 단어를 사용하여 이야기할 수 있어요. I can talk using vocabulary related to hair and the salon in Korean.		
2 나는 목적을 나타내는 '-(으)려고'를 사용하여 이야기할 수 있어요. I can use '-(으)려고' to express purpose.		
3 나는 목적을 위해 특정한 장소에 가는 것을 나타내는 '-(으)러 가다/오다'를 사용하여 이야기할 수 있어요. I can use '-(으)러 가다/오다' to talk about going to a specific place for a purpose.		

선생님께서는 지금 무엇을 하고 계세요?

What is the teacher doing now?

- 나이가 어떻게 되세요? How old are you?
- 선생님께서는 무엇을 하세요? What does the teacher do?

학습 목표 Learning Objectives

1. 높임 표현을 알고 올바르게 사용할 수 있어요.

   I can understand and correctly use honorific expressions in Korean.

2. '가족' 관련 어휘를 알고 사용할 수 있어요.

   I can understand and use vocabulary related to 'family' in Korean.

3. 가족을 소개할 수 있어요.

   I can introduce my family in Korean.

4. 나이를 한국어로 말할 수 있어요.

   I can say ages in Korean.

가족 Family

할아버지

할머니

외할아버지

외할머니

아버지(아빠)

부모님

어머니(엄마)

형

누나

나(남자)

남동생

여동생

오빠

언니

나(여자)

높임 표현 Honorific expressions

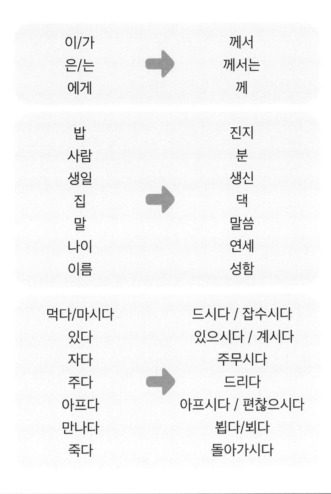

이/가	께서
은/는	께서는
에게	께

밥	진지
사람	분
생일	생신
집	댁
말	말씀
나이	연세
이름	성함

먹다/마시다	드시다 / 잡수시다
있다	있으시다 / 계시다
자다	주무시다
주다	드리다
아프다	아프시다 / 편찮으시다
만나다	뵙다/뵈다
죽다	돌아가시다

TIP

1. '있다'의 높임 표현은 사람의 경우는 '계시다', 사물의 경우는 '있으시다'를 사용해요.
   The honorific expression for '있다' is '계시다' for people and '있으시다' for objects.

   [예문] · <u>아버지께서는</u> 일본에 계세요. (사람)
   [Example Sentences] · My father is in Japan. (Person)

   · 아버지께서는 <u>돈이</u> 많이 있으세요. (사물)
   My father has a lot of money. (Object)

2. '주다'는 주어를 높일 때는 '주시다'를 쓰고, 받는 대상을 높일 때는 '드리다'를 사용해요.
   When using '주다' to honor the subject, use '주시다'. To honor the recipient, use '드리다'.

   [예문] · 선생님께서 지원이에게 책을 <u>주셨어요</u>. (주어 높임)
   [Example Sentences] · The teacher gave a book to Jiwon. (Honoring the subject)

   · 지원이는 <u>선생님께</u> 책을 <u>드렸어요</u>. (받는 대상 높임)
   Jiwon gave a book to the teacher. (Honoring the recipient)

연습 Practice

 10번씩 쓰세요.
Write words 10 times each.

이/가	→ 께서
은/는	→ 께서는
에게	→ 께
사람	→ 분
생일	→ 생신
집	→ 댁
말	→ 말씀
이름	→ 성함
나이	→ 연세
밥	→ 진지
마시다 / 먹다	→ 드시다
있다	→ 계시다 / 있으시다
자다	→ 주무시다
주다	→ 드리다
만나다	→ 뵙다 / 뵈다
아프다	→ 편찮으시다

PART 2

〉〉 **문법** Grammar

문법 1 -(으)세요 / N(이)세요 🎧 8-1

하루카 이분은 **누구세요?**
허지원 우리 **어머니세요.**

에릭 연세가 어떻게 **되세요?**
루카 쉰두 살이에요.

문법 사용 Using Grammar

- 'V/A-(으)세요 / N(이)세요'는 '-이에요/예요'의 높임말이에요. 주어가 말하는 사람보다 나이가 많거나 사회적 지위가 높을 때 사용해요. 그리고 아주 친하지 않은 성인끼리는 나이에 관계없이 사용하기도 해요.
  'V/A-(으)세요 / N(이)세요' is the honorific form of '-이에요/예요.' It is used when the subject is older or has a higher social status than the speaker. and adults who are not very close to each other use it regardless of age.

■ **V/A -(으)세요 / N(이)세요**

의미	주어가 말하는 사람보다 나이가 많거나 사회적 지위가 높을 때 사용 Used when the subject is older or has a higher social status than the speaker.		
형태 변화		**받침 O**	**받침 X, 받침 ㄹ**
	동사(V) 형용사(A)	앉다 - 앉**으세요** 작다 - 작**으세요** *듣다 - 들**으세요** (듣으세요X) *어렵다 - 어려**우세요**(어렵으세요X)	쉬다 - 쉬**세요** 예쁘다 - 예쁘**세요** *만들다 - 만드**세요**
	명사(N)	선생님 - 선생님**이세요** 부모님 - 부모님**이세요**	의사 - 의사**세요** 할머니 - 할머니**세요**

[예문]

· 연세가 어떻게 되세요?   · 저분은 우리 한국어 선생님이세요.
· 할머니께서는 어제 책을 사셨어요. (사다 → 사시다 → 사셔요 → 사셨어요)

TIP

'나이가 어떻게 되세요?' < '연세가 어떻게 되세요?'
'How old are you?' < 'How old are you (honorific)?'

[예문]

> A: 나이가 어떻게 되세요?
> B: 서른네 살이에요.(34살)

'N이/가 어떻게 되세요?'는 이름(성함), 나이(연세), 직업, 전화번호 등 개인정보를 물어볼 때 주로 사용해요.
'N이/가 어떻게 되세요?' is commonly used to ask for personal information like name (honorific of name), age (honorific of age), occupation, etc.

[예문]

> A: 성함이 어떻게 되세요?
> B: 허지원이에요.

주어가 '나', '저'와 같이 1인칭일 경우에는 사용할 수 없어요.
It cannot be used if the subject is first person, such as 'I' or 'me.'

[예문]

> · 저는 회사원이세요. (X) → 저는 회사원이에요. (O)

 표에 쓰세요. Write it in the table.

	-(으)세요	-(으)셨어요
가다	가세요	가셨어요
오다		
읽다		
듣다		
가르치다		
좋아하다		
★먹다/마시다		
★주다		
★자다		
★있다		
★아프다		
★죽다		

보기 와 같이 말하세요.

Speak as shown in the <Example>.

보기

아버지(회사원) 40

어머니(선생님) 37

할아버지(의사) 68

할머니(주부) 65

나

이 분은 우리 아버지세요.

우리 아버지는 회사원이세요.

우리 아버지는 마흔 살이세요.

문법 2 -[으]시-

에릭   선생님께서는 지금 뭐 하세요?
루카   책을 읽으세요.

지원   가족이 모두 중국에 계세요?
왕페이   네, 모두 중국에 있어요.

문법 사용 Using Grammar

- '-(으)시-'는 문장 내 주어의 행동이나 상태를 높이기 위해 사용해요.
  '-(으)시-' is used to honor the subject when they are considered socially higher than the speaker.

-(으)시-

의미	문장 내 주어의 행동이나 상태를 높이기 위해 사용 Used to honor the subject when they are considered socially higher than the speaker.			
형태 변화	**받침 O**	읽다: 읽**으시**다-읽으세요 앉다: 앉**으시**다-앉으세요 *듣다: 들**으시**다-들으세요	**받침 X, 받침 ㄹ**	가다: 가**시**다-가세요 오다: 오**시**다-오세요 만들다: 만드**시**다-만드세요

[예문]

· 선생님 어디에 가세요?   · 어머니께서는 어제 미국에 가셨어요.
· 할머니께서는 건강하세요.

TIP

주어가 '나', '저'와 같은 1인칭인 경우에는 사용할 수 없어요. 과거 시제는 '-(으)셨어요'를 사용해요.
When the subject is first person, such as 'I' or 'me',-(으)시 cannot be used. For past tense, '-(으)셨어요' is used.

[예문]

· 후이: 선생님께서는 무엇을 가르치세요?
  지원: 저는 한국어를 가르치세요. (X) → 저는 한국어를 가르쳐요. (O)

보기 와 같이 말하세요.
Speak as shown in the <Example>.

보기

선생님께서 교실에 계세요.
선생님께서 한국어를 가르치세요.

선생님
교실
한국어 가르치다

1)

아버지
회사
일을 하다

2)

외할머니
공원
친구를 만나다

3)

할아버지
커피숍
커피를 마시다

4)

외할아버지
방
자다

보기 와 같이 이야기하세요.
Speak as shown in the <Example>.

| 보기 | 퓨퓨아웅 | 선생님께서는 **지난주 월요일 오전에** 무엇을 하셨어요? |
| | 줄리앙 | 선생님께서는 한국어를 **가르치셨어요.** |

	월요일	화요일	수요일	목요일	금요일	토요일	일요일
오전	**보기** 한국어를 가르치다	책을 읽다	한국어를 가르치다	친구를 만나다	한국어를 가르치다	골프를 치다	늦잠을 자다
오후	공원에서 운동을 하다	쇼핑을 하다	영화를 보다	자전거를 타다	사진을 찍다	집에서 쉬다	가족들과 저녁을 먹다

다음의 '동생의 생일'을 '할머니의 생신'으로 바꾸어 써 보세요.
Rewrite '동생의 생일' as '할머니의 생신'.

오늘은 동생의 생일입니다. 그래서 저녁에 집에서 생일 파티를 했습니다. 동생은 생일 선물로

할머니

옷을 받고 싶어 해서 저는 어제 백화점에 가서 옷을 샀습니다. 아버지께서는 꽃을 사셨고,

어머니께서는 요리를 하셨습니다. 그리고 저는 케이크를 만들었습니다. 동생이 좋아했습니다.

동생은 내일 여행을 갈 겁니다.

1. 다음을 듣고 나이를 숫자로 쓰세요. (8-3)
Listen and write the numbers.

1) (   )
2) (   )
3) (   )

2. 다음을 듣고 알맞은 것을 고르세요. (8-4)
Listen and choose the correct answer.

1) 독일에 사는 루카 씨의 가족을 모두 고르세요.
Choose all the family members of Luka. Who is living in Germany.

할아버지	할머니	아버지	어머니	누나	형	남동생	여동생

2) 틀린 것(X)을 고르세요.
Choose the INCORRECT one.

① 남동생은 미국에 있어요.
② 아버지께서는 독일에 계세요.
③ 할머니께서는 한국에 계세요.
④ 할아버지께서는 돌아가셨어요.

친구에게 질문해 보세요.

Ask your friend questions.

1	가족이 어떻게 되세요?	
2	나이가 어떻게 되세요?	
3	어머니께서는 요리를 잘 하세요?	
4	할머니께서는 지금 어디에 계세요?	
5	할아버지께서는 무엇을 좋아하세요?	
6	선생님 성함을 아세요?	
7	선생님께서는 친절하세요?	
8	?	
9	?	
10	?	

20년 후의 가족 사진을 그려 보고, 가족을 소개해 보세요.

Draw and introduce a family picture of 20 years from now.

	질문 Questions	네 Yes	아니요 No
1	나는 높임 표현을 알고 올바르게 사용할 수 있어요. I can understand correctly use Korean honorific expressions.		
2	나는 '가족' 관련 어휘를 알고 사용할 수 있어요. I can understand and use vocabulary related to 'family' in Korean.		
3	나는 가족을 소개할 수 있어요. I can introduce my family in Korean.		
4	나는 나이를 한국어로 말할 수 있어요. I can say ages in Korean.		

MEMO

배가 아프니까
이 약을 먹어야 해요.

I have a stomachache, so I have to take this medicine.

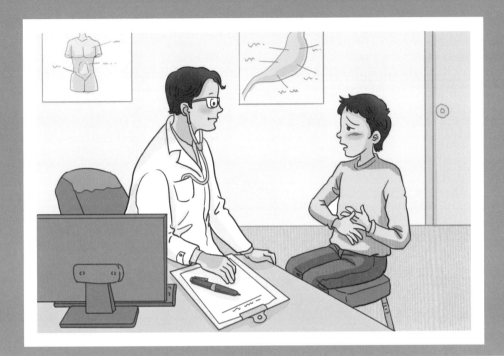

- 이가 아파요. 어느 병원에 가야 해요? My tooth hurts. Which hospital should I go to?
- 친구가 수업 시간에 게임을 해요. 친구에게 어떻게 말해야 해요?
  If your friend plays games during class, How should you tell to the friend.

학습 목표 Learning Objectives

1. '신체'와 관련된 단어를 알고 올바르게 사용할 수 있어요.
   I can understand and correctly use vocabulary related to 'body parts' in Korean.

2. '증상'과 관련된 단어를 알고 올바르게 사용할 수 있어요.
   I can understand and correctly use vocabulary related to 'symptoms' in Korean.

3. 이유·원인의 의미를 나타내는 '-(으)니까'를 사용하여 말할 수 있어요.
   I can use '-(으)니까' to express reasons and causes.

4. 당위 표현을 나타내는 '-아/어/해야 하다[되다]'를 사용하여 말할 수 있어요.
   I can use '-아/어/해야 하다[되다]' to express obligations.

5. 금지 명령 표현을 나타내는 '-지 마세요'를 사용하여 말할 수 있어요.
   I can use '-지 마세요' to give prohibitive commands.

신체 용어 Body part terms

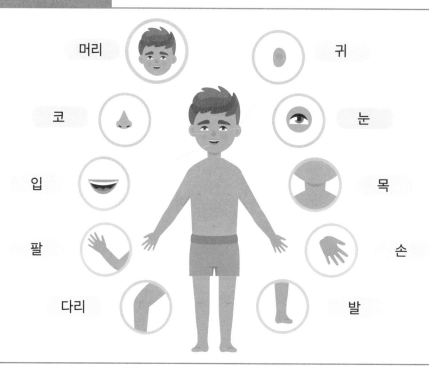

머리 · 귀 · 코 · 눈 · 입 · 목 · 팔 · 손 · 다리 · 발

증상 표현 Symptom expressions

목이/머리가/배가/허리가 아프다

소화가 안 되다

속이 안 좋다

감기에 걸리다

기침을 하다

콧물이 나다

열이 나다

몸살이 나다

다치다

뼈가 부러지다

상처가 나다

손을 데다

발목을 삐끗하다

| 이가 아프다 | 멍이 들다 | 피가 / 코피가 나다 | 토하다 | 설사가 나다 |

TIP

1. '이가 아프다'는 '치통', '배가 아프다'는 '복통', '머리가 아프다'는 '두통'이라고 말하기도 해요. 그리고 여자들이 생리로 인해 배가 아플 때는 '생리통'이라고 해요. 생리통이 심한 경우 학교에 '생리공결'을 신청할 수 있어요.
   '이가 아프다' can be expressed as '치통,' '배가 아프다' as '복통,' and '머리가 아프다' as '두통.' When women experience abdominal pain due to menstruation, it is referred to as '생리통.' In cases of severe menstrual pain, you can apply for 'menstrual leave' to school.

2. '다치다'는 부딪치거나 맞아서 몸에 상처가 생기는 것을 말해요.
   '다치다' means getting injured from hitting or being hit.

   예) 뼈가 부러지다, 상처가 나다, 손을 데다, 발목을 삐끗하다, 멍이 들다 등을 '다치다'로 표현할 수 있어요.
   Examples) breaking a bone, getting a wound, burning a hand, spraining an ankle, bruising, etc. can be described as '다치다'.

3. '감기에 걸리다'는 대부분 과거형으로 사용해요.
   '감기에 걸리다' is mainly use the past tense.

   예) 감기에 걸렸어요.
   Examples) I caught a cold.

병원 종류 Types of hospitals

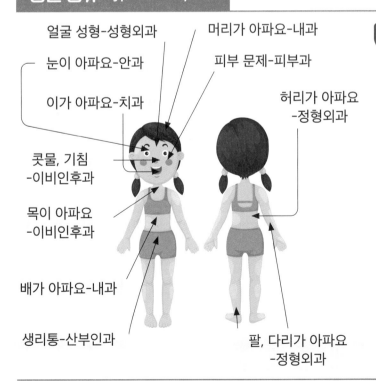

얼굴 성형-성형외과
머리가 아파요-내과
눈이 아파요-안과
피부 문제-피부과
이가 아파요-치과
허리가 아파요 -정형외과
콧물, 기침 -이비인후과
목이 아파요 -이비인후과
배가 아파요-내과
생리통-산부인과
팔, 다리가 아파요 -정형외과

TIP

1. 늦은 시간 혹은 새벽에 아프면 '응급실(응급 의료센터)'에 가요.(보통 아이가 아프면 소아과에 가는데, 어른도 소아과에 갈 수 있어요. 그런데 늦은 시간이나 새벽에 아프면 응급실로 가야 해요.)
   If you get sick late at night or early in the morning, you should go to the 응급실/응급 의료센터 (emergency room). (Normally, pediatrics is for children, but adults can go there too. However, if you are sick late at night or in the early morning, you need to visit the emergency room.)

2. 너무 아파서 혼자 이동을 할 수 없을 때 119 에 전화해서 도움을 요청하면 돼요.
   If you are too sick to move by yourself, call 119 for assistance.

학습 어휘 Learning Vocabulary

- 진단서 medical certificate
- 주사를 맞다 to get an injection
- 약을(연고를) 바르다 to apply medicine (ointment)
- 임산부석 seat for pregnant women
- 만지다 to touch

- 처방전 prescription
- 링거 맞다 to get an IV (intravenous drip)
- 빨리 quickly
- 쓰레기를 버리다 to throw away garbage
- 이를 닦다 to brush your teeth

연습 Practice

 1. 보기 와 같이 신체 용어를 쓰세요.

Write the body part terms as shown in the <Example>.

보기 (머리)

2. 보기 와 같이 증상을 쓰세요.

Write the symptoms as shown in the <Example>.

보기 다치다

문법 1 -(으)니까 〔9-1〕

아루잔   약속 시간에 늦었어요.
　　　　우리 택시를 탈까요?
왕페이   지금 길이 **복잡하니까** 지하철을 타요.

루카   여자 친구에게 무슨 선물을 할까요?
후이   여자들은 꽃을 **좋아하니까**
　　　꽃을 선물하세요.

문법 사용 Using Grammar

- '-(으)니까'는 이유나 원인을 나타낼 때 사용해요.
  '-(으)니까' is used to express reasons or causes.

■ -(으)니까

의미	이유나 원인을 나타낼 때 사용 Used to express reasons or causes.		
형태 변화	동사(V) 형용사(A)	받침 O	받침 X, 받침ㄹ
		먹다 - 먹**으니까** 좋다 - 좋**으니까** *듣다 - 들**으니까**(듣으니까X) *어렵다 - 어려**우니까**(어렵으니까X)	가다 - 가**니까** 싸다 - 싸**니까** *길다 - 기**니까**(길으니까X)
	명사(N)	병원 - 병원**이니까**	의사-의사니까 *물-물이니까

[예문]

- 비가 오니까 우산을 쓰세요.
- 지금은 바쁘니까 내일 전화하세요.
- 내일 시험이 있으니까 공부하세요.
- 이 책은 다 읽었으니까 빌려 줄 수 있어요.

TIP

원인이나 이유를 표현하는 '-아/어/해서'와 '-(으)니까' 비교
Comparison between '-아/어/해서' and '-(으)니까' for expressing reasons or causes.

	-아/어/해서	-(으)니까
뒤 문장에 명령, 청유, 제안 표현 Expressions of imperative, request, and suggestive sentences in the following sentences	X [예문] 시간이 **없어서** 빨리 가세요. 다리가 **아파서** 택시를 탈까요?	O [예문] 시간이 **없으니까** 빨리 **가세요.** 다리가 **아프니까** 택시를 **탈까요?**
과거 시제 Past tense	X [예문] 한국에 **살았어서** 한국어를 잘해요.	O [예문] 한국에 **살았으니까** 한국어를 잘해요.
뒤 문장에 감사, 사과 표현 Expressions of thanks and apology in the following sentences	O [예문] 만나서 **반가워요.**	X [예문] **만났으니까** 반가워요.

(문법)

TIP

'-(으)니까'를 화자의 감정, 개인적인 상황에 대한 이유로 사용하면 경우나 상황에 따라 듣는 사람이 기분 나쁠 수 있어요. 특히 윗사람에게 사용할 때는 주의해야 해요.

Using '-(으)니까' to explain reasons related to the speaker's feelings or personal situations can sometimes make the listener feel uncomfortable, depending on the circumstances. Be particularly careful when using it with superiors.

예) 선생님: 어제 왜 학교에 안 왔어요?
    학생: 일이 있었으니까 학교에 못 왔어요. (X)
           일이 있어서 학교에 못 왔어요. (O)

1. 보기 와 같이 말하세요.
Speak as shown in the <Example>.

보기

더우니까 아이스크림을 먹을까요?

1)

_____ 코트를 입으세요.

2)

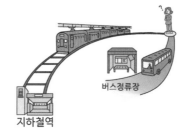

_____ 버스를 탈까요?

3)

_____ 조용히 하세요.

4)

_____ 집에서 쉬세요.

2. 보기 와 같이 '-아/어/해서'와 '-(으)니까' 중 하나를 골라서 한 문장으로 쓰세요.
Write one sentence by choosing either '-아/어/해서' or '-(으)니까' as shown in the <Example>.

보기

드라마가 재미있어요 / 두 번 봤어요
→ <u>드라마가 재미있어서 두 번 봤어요.</u>

1) 만나요 / 반가워요

⇨ _____

2) 지금 선생님이 안 계세요 / 다음에 다시 전화하세요

⇨ _____

3) 주말이에요 / 놀러 갈까요?

⇨ _____

-아/어/해야 하다[되다]  9-2

아루잔   무슨 약을 먹어야 해요?

줄리앙   감기에 걸렸으니까 이 약을 드세요.

에릭   오늘 뭐 해요?

안톤   내일 시험이 있어서 공부해야 돼요.

문법 사용 Using Grammar

- '-아/어/해야 하다'는 의무적으로 해야 하는 행위나 꼭 필요한 상태를 나타내요. 대화를 할 때는 주로 '-아/어/해야 되다'로 사용해요.
  '-아/어/해야 하다' indicates an action that must be done or a necessary condition. In conversation, it is usually used as '-아/어/해야 되다'.

■ **-아/어/해야 하다[되다]**

의미	의무적으로 해야 하는 행위나 꼭 필요한 상태를 표현 Expression for an action that must be done or a necessary condition		
형태 변화	동사(V) 형용사(A)	ㅏ, ㅗ (O)	작다-작아야 **하다[되다]**-작아야 해요[돼요] 오다-와야 **하다[되다]**-와야 해요[돼요]
		ㅏ, ㅗ (X)	먹다-먹어야 **하다[되다]**-먹어야 해요[돼요] 길다-길어야 **하다[되다]**-길어야 해요[돼요]
	하다		공부하다-공부**해야 하다[되다]**-공부**해야** 해요[돼요] 운동하다-운동**해야 하다[되다]**-운동**해야** 해요[돼요]

[예문]

· 이가 아프면 병원에 가야 됩니다.

· 매일 숙제를 해야 합니다.

· 부모님이 한국에 오셔서 공항에 가야 돼요.

· 병원에서 처방전을 받아서 약국에 가야 해요.

연습 Practice

1. 보기 와 같이 말하세요.
Speak as shown in the <Example>.

보기

왕페이　같이 영화를 보러 갈까요?

줄리앙　미안해요. 오늘은 영화를 볼 수 없어요.

　　　　시험이 있으니까/있어서 공부해야 해요.

이유: 시험이 있다

1)

이유: 다리가 아프다

2)

이유: 파티가 있다

3)

이유: 가족들과 약속이 있다

4)

이유: 숙제가 많다

하루카	저는 너무 뚱뚱해요. 살을 빼고 싶어요.
아루잔	그러면 햄버거를 먹지 마세요.

허지원	수영해도 돼요?
왕페이	감기에 걸렸으니까 수영하지 마세요.

문법 사용 Using Grammar

- '-지 마세요'는 상대방에게 어떠한 행동을 하지 말 것을 말할 때 사용해요.
  '-지 마세요' is used to politely command someone not to do something.

■ -지 마세요

의미	상대방에게 어떠한 행동을 하지 말 것을 말할 때 사용하는 표현 Expression used to politely command someone not to do something	
형태 변화	동사(V) + -지 마세요	먹다 - 먹지 **마세요** 가다 - 가지 **마세요** 게임하다 - 게임하**지 마세요**

[예문]

· 커피를 많이 마시지 마세요.

· 다리를 다쳤으니까 축구를 하지 마세요.

· 이 자리는 임산부석이니까 앉지 마세요.

연습 Practice

 1. 보기 와 같이 말하세요.
Speak as shown in the <Example>.

| 보기 | 쓰레기를 버리다 | 담배를 피우다 | 만지다 | 먹다 | 찍다 |

사진을 찍지 마세요.

1)

2)

3)

4)

보기 와 같이 연습해 보세요.
Practice as shown in the <Example>.

보기

집에서 쉬다 O
밖에 나가다 X

배가 아파요. 배가 아프면 어느 병원에 가야 해요?
그리고 어떻게 해야 해요?

① 배가 아프면 내과에 가세요.
② 배가 아프니까 집에서 쉬어야 해요.
③ 배가 아프니까 오늘은 밖에 나가지 마세요.

1)

이를 잘 닦다 O
초콜릿을 먹다 X

이가 아파요. 이가 아프면 어느 병원에 가야 해요?
그리고 어떻게 해야 해요?

① _____

② _____

③ _____

2)

스트레칭을 하다 O
축구를 하다 X

허리가 아파요. 허리가 아프면 어느 병원에 가야 해요?
그리고 어떻게 해야 해요?

① _____

② _____

③ _____

3)

따뜻한 물을 마시다 O
담배를 피우다 X

기침을 해요. 기침을 하면 어느 병원에 가야 해요?
그리고 어떻게 해야 해요?

① _____

② _____

③ _____

1. 다음을 듣고 알맞은 그림을 고르세요. 🎧9-4

Listen to the following and choose the correct picture.

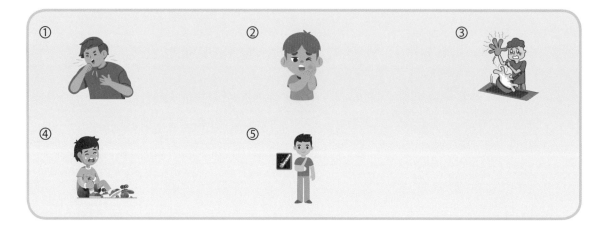

1) (   )

2) (   )

3) (   )

 2. 다음을 듣고 질문에 답하세요. 🎧9-5

Listen to the following and answer the questions.

1) 하루카 씨는 왜 손을 데었어요?

Why did Haruka burn her hand?

_____

2) 하루카 씨는 어제 왜 병원에 못 갔어요?

Why couldn't Haruka go to the hospital yesterday?

_____

3. 다음을 듣고 질문에 답하세요. 9-6

Listen to the following and answer the questions.

1) 아루잔 씨의 증상이 아닌(X) 것을 고르세요.

Choose the symptom that Aruzhan does NOT have

① 　　② 　　③ 　　④

2) 들은 내용과 같은 것을 고르세요.

Choose the one that matches what you heard.

① 퓨퓨아웅 씨는 지금도 아파요.
② 퓨퓨아웅 씨는 오늘 밖에 나가야 해요.
③ 아루잔 씨는 내일도 병원에 가야 해요.
④ 아루잔 씨는 지난주에 아파서 약을 먹었어요.

'-(으)니까', '-아/어/해야 하다[되다]', '-지 마세요'를 사용하여 이야기해 보세요.
Practice speaking using '-(으)니까', '-아/어/해야 하다[되다]', '-지 마세요'.

1	여기는 병원이에요. 병원에서는 어떻게 해야 해요[돼요]?
2	여기는 박물관이에요. 박물관에서는 어떻게 해야 해요[돼요]?
3	저는 친구가 없어요. 매일 혼자 밥을 먹어요. 심심해요. 어떻게 해야 해요[돼요]?
4	제 룸메이트는 청소를 하지 않아요. 그래서 어제 룸메이트와 싸웠어요. 룸메이트에게 어떻게 말해야 해요[돼요]?

1. 이 사람은 어떻게 해야 해요? <보기>와 같이 '-아/어/해야 해요'를 사용하여 이야기해 보세요.

What should this person do? Practice speaking using '-아/어/해야 해요' as shown in the <Example>.

보기

배가 고프다 + <u>음식을 먹다</u>
-(으)니까   -아/어/해야 하다

배가 고프니까 <u>음식을 먹어야 해요.</u>

1)

한국에 살다 + _____

2)

도서관이니까 + _____

3)

아프다 + _____

_____

_____

_____

2. 학교 안에 있는 금지 표지판을 찾아 보세요. 그림을 그려 보세요. 그리고 친구들에게 설명해 주세요.

Find the prohibition signs in the school. Try drawing the pictures. Then explain it to your friends.

질문 Questions	네 Yes	아니요 No
1 나는 '신체'와 관련된 단어를 알고 올바르게 사용할 수 있어요. I can understand and correctly use Korean words related to the body.		
2 나는 '증상'과 관련된 단어를 알고 올바르게 사용할 수 있어요. I can understand and correctly use Korean words related to the symptoms.		
3 나는 이유·원인의 의미를 나타내는 '-(으)니까'를 사용하여 말할 수 있어요. I can use '-(으)니까' to express reasons or causes.		
4 나는 당위 표현을 나타내는 '-아/어/해야 하다[되다]'를 사용하여 말할 수 있어요. I can use '-아/어/해야 하다[되다]' to express necessity or obligation.		
5 나는 금지 명령 표현을 나타내는 '-지 마세요'를 사용하여 말할 수 있어요. I can use '-지 마세요' to give prohibitive commands.		

10과
Lesson 10

제주도로 여행을 가려면 어떻게 해야 해요?

How do I travel to Jeju Island?

- 학교에서 집까지 가까워요? Is it close from school to home?
- 여행을 가려면 무엇을 준비해야 해요? What do you need to prepare to go on a trip?

학습 목표 Learning Objectives

1. 교통 수단 관련 어휘를 알고 사용할 수 있어요.

   I can understand and use Korean vocabulary related to transportation.

2. 이동의 방향을 나타내는 '-(으)로'를 사용하여 말할 수 있어요.

   I can use '-(으)로' to indicate the direction of movement.

3. 시작과 끝을 나타내는 'N에서(부터) N까지'를 사용하여 말할 수 있어요.

   I can use 'N에서(부터) N까지' to indicate the start and end points.

4. 어떠한 의도나 목적을 가정할 때 사용하는 '-(으)려면'을 말할 수 있어요.

   I can use '-(으)려면' to express assumed intention or purpose.

교통 수단 transportation

버스

택시

지하철

자동차

자전거

비행기

배

기차(KTX)

오토바이

전동 킥보드

학습 어휘 Learning Vocabulary

- 타다 to ride
- 버스정류장 bus stop
- 나오다 to come out
- 쭉(곧장) straight (directly)
- 먼저 firstly
- 의과 대학 medical school
- 이어폰 earphones
- 사당역 Sadang station
- 전주 Jeonju
- 대전 Daejeon
- 서울 Seoul

- 내리다 to get off
- 기차역 train station
- 길을 건너다 to cross the street
- 사거리 intersection
- 예약하다 to reserve
- 졸업하다 to graduate
- 인터넷 internet
- 강남역 Gangnam station
- 경주 Gyeongju
- 대구 Daegu
- 기념품 souvenir

- 갈아타다(환승) to transfer (transit)
- 들어가다 to go in
- 걸리다 to take (time)
- 쯤 approximately/around
- 재료 ingredient
- 구경하다 to look around
- 외국인등록증 alien registration card
- 속초 Sokcho
- 수원 Suwon
- 광주 Gwangju

✎ 1. **보기** 와 같이 쓰세요.
Write as shown in the <Example>.

보기 버스를 타요

문법 1 N(으)로 🎧10-1

안톤   병원이 어디에 있어요?

루카   사거리에서 앞으로 쭉 가세요.

줄리앙   어디로 여행을 갈 거예요?

지원   미국으로 갈 거예요.

문법 사용 Using Grammar

- '-(으)로'는 이동의 방향을 나타낼 때 사용해요. 그리고 도구, 수단, 방법을 나타낼 때도 사용해요.
  '-(으)로' is used to indicate the direction of movement. and it is also used to indicate tools, means, and methods.

■ N(으)로

의미	· 이동의 방향을 나타냄 　Indicates the direction of movement · 도구, 수단, 방법을 나타냄 　Indicates tools, means, and methods			
형태 변화	**받침 O**	옆-옆으로 펜-펜으로	**받침 X,** **받침 ㄹ**	제주도-제주도로 지하철-지하철로

[예문]

· 내일 학교로 오세요.	· 오른쪽으로 가면 화장실이 있어요.

TIP

'N(으)로'는 명사 뒤에 붙어서 도구, 재료, 방향의 의미를 나타내요.
'N(으)로' is attached to a noun to indicate a tool, material, or direction.

① 도구, 수단, 방법을 나타내요.
   Indicates a tool, means, or method.
   [예문] 서울역에서 4호선으로 갈아타세요.

② 어떤 것의 재료가 되는 것을 나타내요.
   Indicates the material something is made of.
   [예문] 이 책상은 나무로 만들었습니다.

③ 어떤 지점이나 방향을 목적지로 함을 나타내요.
   Indicates a point or direction as a destination.
   [예문] 왼쪽으로 가면 백화점이 있어요.

TIP

'N(으)로' VS '에'
'N(으)로'는 방향을 나타내요. '에'는 정확한 목적지를 나타내요. 의미나 쓰임이 비슷하여 서로 바꿔 쓸 수 있지만, 의미 차이 때문에 서로 바꿔 쓸 수 없는 경우도 있어요.
'N(으)로' indicates direction, while '에' indicates a specific destination. Although their meanings and usages are similar and sometimes interchangeable, there are cases where they cannot be used interchangeably.

[예문]

우리 집으로 오세요. = 우리 집에 오세요.
오른쪽으로 가세요. (O) / 오른쪽에 가세요. (X)

TIP

'어떻게 가요?': 이동 수단을 물어볼 때 사용해요.
'어떻게 가요?' is use to ask the means of transportation.

[예문]

A: 학교에 어떻게 가요?
B: 학교에 걸어서 가요. / 학교에 버스로 가요.

1. 보기 와 같이 이야기해 보세요.
Try speaking as shown in the <Example>.

보기

하루카   학교에 어떻게 가요?
줄리앙   버스로 가요.

1)

하루카   어디로 보내실 거예요?

줄리앙   _____ .

2)

하루카   어디로 여행을 가세요?

줄리앙   _____ .

3)

하루카   화장실이 어디에 있어요?

줄리앙   _____ .

2. 'N(으)로'를 사용하여 보기 와 같이 이야기해 보세요.

Try speaking as shown in the <Example> by using 'N(으)로'.

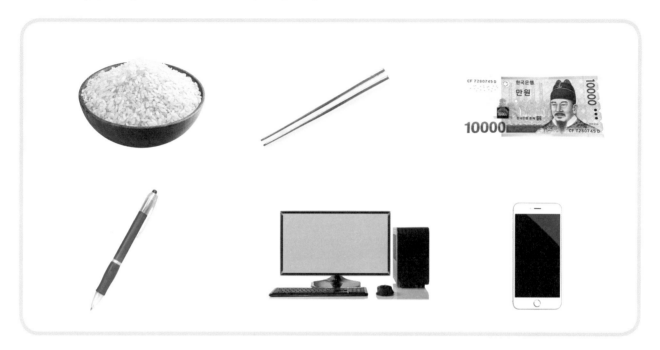

| 보기 | 쌀로 케이크를 만들 수 있어요.

문법 2 N에서 N까지

에릭   학교**에서** 집**까지** 어떻게 가요?
퓨퓨아웅 버스로 가요.

하루카   한국**에서** 베트남**까지** 얼마나 걸려요?
후이   비행기로 4시간쯤 걸려요.

문법 사용 Using Grammar

• 'N에서 N까지'는 공간 이동의 출발지와 도착지를 나타낼 때 사용해요. 'N에서'는 출발지를, 'N까지'는 도착지를 나타내요.
'N에서 N까지' is used to indicate the starting and ending points of a movement. 'N에서' indicates the starting point, and 'N까지' indicates the destination.

[예문]

· 집에서 학교까지 걸어서 갔어요.
· 서울에서 대구까지 KTX로 1시간 40분쯤 걸려요.

· 줄리앙: 여기에서 백화점까지 얼마나 걸려요?
  지원: 택시로 15분쯤 걸려요.

TIP

시간의 시작과 끝을 나타낼 때에도 'N부터 N까지'를 사용해요.
'N부터 N까지' is used to indicate the start and end of period.

[예문] · 1시부터 4시까지 한국어를 공부해요.
     · 금요일부터 일요일까지 여행을 갈 거예요.

보기 와 같이 '부터, 까지, 에서' 중에서 적절한 것을 골라 대화를 완성하세요.

Complete the conversation by choosing the appropriate words '부터, 까지, 에서' as shown in the <Example>.

보기

| 에릭 | 방학이 언제예요? |
| 지원 | 방학은 6월 20일부터 8월 31일까지예요. |

1) 왕페이　서울_____ 부산_____ 얼마나 걸려요?
　　줄리앙　KTX로 2시간 20분쯤 걸려요.

2) 줄리앙　어느 나라_____ 오셨어요?
　　안톤　　저는 러시아_____ 왔어요.

3) 퓨퓨아웅　언제_____ 언제_____ 한국어 수업이 있어요?
　　하루카　　3월_____ 6월_____ 한국어 수업이 있어요.

4) 지원　　집에 오면 제일 먼저 무엇을 해야 하나요?
　　아루잔　집에 오면 손_____ 씻어야 해요.

문법 3 -[으]려면

줄리앙　어떻게 하면 한국어를 잘할 수 있을까요?
하루카　한국어를 **잘하려면** 한국 친구를 많이 사귀세요.

후이　제주도로 여행을 **가려면** 어떻게 해야 해요?
지원　먼저 비행기표를 예약해야 해요.

문법 사용 Using Grammar

● '-(으)려면'은 동사와 결합하여 어떠한 의도나 목적을 가정할 때 사용해요. 뒤 문장에는 주로 방법을 써요.
'-(으)려면' is used in case of combined with verbs to express assumed intention or purpose. Usually use a method for the sentences that follow.

■ -(으)려면

의미	어떠한 의도나 목적을 가정할 때 사용 Use to express assumed intention or purpose.			
형태 변화	**받침 O**	먹다 - 먹으려면 듣다 - 들으려면	**받침 X, 받침 ㄹ**	가다 - 가려면 살다 - 살려면

[예문]

· 명동에 가려면 지하철 4호선을 타세요.　　　　　· 선생님을 만나려면 수요일에 학교로 오세요.
· 김밥을 만들려면 재료가 있어야 해요.

TIP

'-(으)려면' 뒤 문장에는 주로 명령, 청유의 '-(으)세요', 당위 '-아/어/해야 하다' 등의 표현을 사용해요.
In the sentence after '-(으)려면', usually use expressions such as '-(으)세요' of the imperative or suggestion and '-아/어/해야 하다' of the obligation.

TIP

'-(으)려면'와 '-(으)면' 비교
Comparison of '-(으)려면' and '-(으)면'

-(으)려면	-(으)면
어떠한 의도나 목적을 가정할 때 사용해요. Used to state the conditions which is needed to achieve a certain intention or goal. [예문] 아침에 일찍 <u>일어나려면</u> 저녁에 일찍 자야 해요.	단순한 가정이나 조건을 말할 때 사용해요. Used to state simple assumptions or conditions. [예문] 아침에 일찍 <u>일어나면</u> 산에 갈 거예요.

1. **보기** 와 같이 '-(으)려면'을 사용해서 문장을 쓰세요.
Write sentences using '-(으)려면' as shown in the <Example>.

보기   한국 드라마를 보려면 단어를 많이 알아야 해요. (보다)

1) 한국에서는 의사가 _____ 의과 대학을 졸업해야 돼요. (되다)

2) 한국에서 아름다운 섬을 _____ 제주도로 가세요. (구경하다)

3) _____ 운동을 열심히 해야 해요. (살을 빼다)

4) 지하철에서 _____ 이어폰을 사용해야 해요. (음악을 듣다)

5) _____ 한국어 듣기 연습을 많이 하세요. (한국어 발음을 잘하다)

2. '-(으)려면', '-(으)면', '-(으)려고' 중 적절한 것을 찾으세요.
Find the appropriate one among '-(으)려면', '-(으)면', '-(으)려고'.

1) 지원   7시까지 공항에 가야 해요. 몇 시에 출발해야 할까요?
아루잔   7시까지 공항에 (가려면 / 가면 / 가려고) 5시에 출발해야 해요.

2) 루카   왜 학교에 일찍 가세요?
에릭   시험이 있어서 (공부하려면 / 공부하면 / 공부하려고) 일찍 가요.

3) 안톤   서울역에 어떻게 가요?
후이   지하철 1호선을 (타려면 / 타면 / 타려고) 돼요.

4) 왕페이   인터넷으로 물건을 사고 싶어요. 무엇이 필요해요?
퓨퓨아웅   인터넷으로 물건을 (사려면 / 사면 / 사려고) 외국인등록증이 필요해요.

📝 **보기** 와 같이 그림을 보고 쓰세요.
Write based on the picture as shown in the <Example>.

보기

서울 —— 2시간 30분 —→ 부산

부산에 가려면 KTX를 타고 가야 해요.
서울에서 부산까지 KTX로 갈 거예요.
서울에서 부산까지 2시간 20분쯤 걸려요.

1)

한국 —— 5시간 30분 —→ 베트남

_____

_____

_____

2)

인천 —— 13시간 30분 —→ 제주도

_____

_____

_____

3)

사당역 —— 20분 —→ 강남역

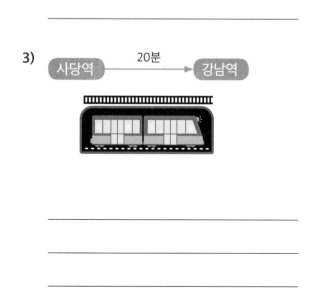

_____

_____

_____

4)

집 —— 1시간 10분 —→ N서울 타워

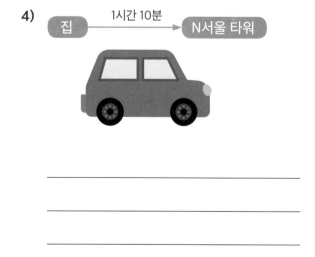

_____

_____

_____

1. 다음을 듣고 질문에 답하세요. 🎧10-4

Listen to the following and answer the questions.

1) 한국에서 프랑스까지 얼마나 걸려요?

How long does it take from Korea to France?

_____

2) 들은 내용과 같은 것을 고르세요.

Choose the one that matches what you heard.

① 줄리앙 씨는 내일 비행기 표를 사려고 해요.
② 두 사람은 다음 방학에 베트남에 가려고 해요.
③ 후이 씨는 한국에서 프랑스로 여행을 갈 거예요.
④ 방학에 고향에 가려면 비행기 표를 지금 사야 해요.

2. 다음을 듣고 질문에 답하세요. 🎧10-5

Listen to the following and answer the questions.

1) 퓨퓨아웅 씨는 집에서 강남역까지 어떻게 갔어요? 그리고 집에 어떻게 올 거예요? 교통 수단을 쓰세요.

How did Phyu Phyu Aung get to Gangnam Station from home? And how will she get back home?
Write the means of transportation.

| 집 | (　　　) → | 서울역 | (　　　) → | 사당역 | (　　　) → | 강남역 | (　　　) → | 집 |

2) 들은 내용과 다른(X) 것을 고르세요.

Choose the one that is DIFFERENT from what you heard.

① 퓨퓨아웅 씨는 미얀마 사람이에요.
② 퓨퓨아웅 씨 집에서 강남역까지 1시간쯤 걸려요.
③ 퓨퓨아웅 씨는 11시 반에 친구를 만나려고 해요.
④ 퓨퓨아웅 씨는 다음 달부터 한국 요리를 배울 거예요.

여행 계획을 세워 보세요. 그리고 친구와 이야기 하세요.
Make travel plans and discuss them with a friend.

1) 어디로 여행을 가려고 해요?

2) 언제부터 언제까지 갈 거예요?

3) ○○까지 가려면 어떻게 가야 해요?

4) ○○까지 얼마나 걸려요?

5) 왜 ○○에 가고 싶어요?

보기 와 같이 친구에게 질문해 보세요.
Ask your friend questions as shown in the <Example>.

보기	친구 이름: 왕페이
왕페이 씨, 고향에 언제 가려고 해요? 고향이 어디예요?	내년에 가려고 해요. 중국이에요.
왕페이 씨, 한국에서 중국까지 비행기로 얼마나 걸려요?	비행기로 두 시간쯤 걸려요.
가족들 선물로 무엇을 살 거예요?	한국 기념품을 살 거예요.
선물을 사려면 어디에 가야 해요?	한국 기념품을 사려면 인사동에 가야 해요.

1. 친구 이름:

_____씨, 고향에 언제 가려고 해요? 고향이 어디예요?	
_____씨, 한국에서 _____까지 비행기로 얼마나 걸려요?	
가족들 선물로 무엇을 살 거예요?	
선물을 사려면 어디에 가야 해요?	

2. 친구 이름:

_____씨, 고향에 언제 가려고 해요? 고향이 어디예요?	
_____씨, 한국에서 _____까지 비행기로 얼마나 걸려요?	
가족들 선물로 무엇을 살 거예요?	
선물을 사려면 어디에 가야 해요?	

3. 친구 이름:

_____씨, 고향에 언제 가려고 해요? 고향이 어디예요?	
_____씨, 한국에서 _____까지 비행기로 얼마나 걸려요?	
가족들 선물로 무엇을 살 거예요?	
선물을 사려면 어디에 가야 해요?	

	질문 Questions	네 Yes	아니요 No
1	나는 교통 수단 관련 어휘를 알고 사용할 수 있어요. I can understand and use Korean vocabulary related to transportation		
2	나는 이동의 방향을 나타내는 'N(으)로'를 사용하여 말할 수 있어요. I can use '-으로' to indicate the direction of movement.		
3	나는 시작과 끝을 나타내는 'N에서(부터) N까지'를 사용하여 말할 수 있어요. I can use 'N에서(부터) N까지' to indicate the start and end points.		
4	나는 어떠한 의도나 목적을 가정할 때 사용하는 '-(으)려면'을 말할 수 있어요. I can use '-(으)려면' to express assumed intention or purpose.		

MEMO

부록

정답

듣기 지문

어휘 색인

정답

1과

p24 1번 🎧 1-4

1) ②   2) ③
3) 사과, 오렌지, 귤

p25 2번 🎧 1-5

1) ④   2) ④

2과

p43 1번 🎧 2-4

1) 안톤 – ①
   아루잔 – ④
   왕페이 – ⑦

p43 2번 🎧 2-5

1) ④   2) ①
3) ②

3과

p62 1번 🎧 3-3

1) ③   2) ②
3) ④

p62 2번 🎧 3-4

1) ③   2) ③

4과

p80 1번 🎧 4-4

1) X   2) X
3) X   4) O

p80 2번 🎧 4-5

1) ③   2) ③

p80 3번 🎧 4-6

1) ③   2) ③

5과

p95 1번 🎧 5-3

1) ④

p95 2번 🎧 5-4

1) ③   2) ②

6과

p114 **1번** 6-4

1) ②   2) ②

p114 **2번** 6-5

1) O   2) X
3) X   4) X

7과

p129 **1번** 7-3

1) O   2) X
3) O   4) X

p129 **2번** 7-4

1) ①   2) ③

8과

p145 **1번** 8-3

1) 23살   2) 45살
3) 59살

p145 **2번** 8-4

1)

할아버지	할머니	아버지	어머니	누나	형	남동생	여동생
	O	O	O				

2) ③

9과

p164 **1번** 9-4

1) ①   2) ②
3) ④

p164 **2번** 9-5

1) 뜨거운 커피에 손을 데었어요.
2) 어제 주말이어서 병원에 못 갔어요.

p165 **3번** 9-6

1) ③   2) ③

10과

p183 **1번** 10-4

1) 14시간   2) ④

p183 **2번** 10-5

1) 버스, 지하철 4호선, 지하철 2호선, 택시
2) ③

듣기 지문

1과

track 1-1

안톤 안녕하십니까? 안톤입니다.
      반갑습니다.
줄리앙 네 안녕하십니까? 줄리앙입니다.
      반갑습니다.

안녕하십니까? 발표자 허지원입니다.

안녕하십니까?
오늘의 뉴스입니다.

track 1-2

후이   어디에 삽니까?
하루카 저는 지금 한국에 삽니다.

안톤   실례합니다. 에릭 씨를 압니까?
아루잔 네. 압니다. 제 친구입니다.

track 1-3

줄리앙 반 친구들이 무엇을 합니까?
하루카 저는 숙제하고 아루잔 씨는 책을 읽어요.

퓨퓨아옹 에릭 씨, 오늘 점심을 먹고 뭐 해요?
에릭   저는 점심을 먹고 숙제하고 친구를 만나요.

track 1-4

안녕하세요. 저는 아루잔입니다. 저는 지금 한국에 삽니다. 한국에서 한국어를 공부합니다. 한국에서 일을 안 합니다. 오늘 아침에 수업이 있습니다. 수업을 듣고 친구와 함께 식당에 갑니다. 오늘은 한국 친구와 함께 비빔밥을 먹습니다. 오후에는 도서관에서 숙제를 하고 기숙사에 갑니다. 기숙사에 가서 청소를 하고 티비를 봅니다. 저녁에는 마트에서 사과하고 오렌지, 귤을 삽니다.

track 1-5

안녕하세요. 이 사람은 제 친구 왕페이 씨입니다. 왕페이 씨는 중국 사람입니다. 지금 서울에 삽니다. 왕페이 씨는 40살입니다. 지금 한국에서 일합니다. 그래서 왕페이 씨는 아주 바쁩니다. 내일은 조금 한가합니다. 내일 오전에는 방청소를 하고 저와 함께 극장에서 영화를 봅니다. 그리고 쇼핑을 하고 운동도 합니다. 왕페이 씨는 한국 친구가 많습니다. 왕페이 씨는 지금 남자 친구가 없습니다. 그래서 보통 저와 함께 놉니다. 왕페이 씨는 착하고 똑똑합니다. 저는 왕페이 씨를 좋아합니다.

2과

track 2-1

하루카 여보세요? 지원 씨?
      지금 뭐 하고 있어요?
지원   아, 하루카 씨.
      저는 지금 집에서 쉬고 있어요.

하루카 여보세요?
줄리앙 네. 안톤 씨 휴대폰입니다.
하루카 아, 안톤 씨는요?
줄리앙 네. 안톤 씨는 지금 방에서 자고 있어요.

track 2-2

지원   안톤 씨, 지금 뭐 하고 있어요?
안톤   저는 지금 옷을 입고 있어요.

에릭   누가 루카 씨예요?
왕페이   루카 씨는 파란색 바지를 입고 있어요.

track 2-3

안톤   아루잔 씨? 내일 뭐 해요?
아루잔   별일 없어요.
안톤   그럼 우리 같이 영화 볼까요?

루카   하루카 씨 지금 뭐 해요?
하루카   지금 숙제해요. 너무 힘들어요.
루카   네, 저도 숙제가 너무 어려워요.
      같이 할까요?
하루카   그럴까요? 그럼 지금 만날까요?

track 2-4

여기는 공원입니다. 오늘은 날씨가 좋습니다. 그래서 사람들이 많습니다. 저기 제 친구 안톤 씨와 아루잔 씨 왕페이 씨가 있습니다. 안톤 씨는 지금 아루잔 씨와 이야기를 하고 있습니다. 아루잔 씨는 빨간 색 치마를 입고 있습니다. 안톤 씨는 안경을 쓰고 있습니다. 왕페이 씨는 지금 커피를 마시고 있습니다. 왕페이 씨는 갈색 바지를 입고 있습니다. 그리고 까만 색 가방을 메고 있습니다.

track 2-5

줄리앙   하루카 씨, 내일 뭐해요?
하루카   내일요? 글쎄요. 지금 잘 모르겠어요.
줄리앙   그럼 내일 저와 영화 볼까요?
하루카   그래요. 몇 시에 볼까요?
줄리앙   점심 먹고 3시 영화 어때요?
하루카   좋아요. 그리고 내일 6시에 서점에도 갈까요?
      한국어 책이 필요해요.

줄리앙   네. 그럼 내일 1시에 만날까요?
하루카   좋아요. 내일 극장 앞에서 만나요.

3과

track 3-1

줄리앙   주말에 뭐 해요?
지원   저는 주말에 친구와 쇼핑하고 싶어요.

아루잔   지금 뭐 하고 싶어요?
안톤   배가 너무 고파요. 밥을 먹고 싶어요.

track 3-2

하루카   여기에 좀 앉아도 돼요?
루카   네, 앉아요. 괜찮아요.

후이   줄리앙 씨, 전화를 좀 받아도 돼요?
줄리앙   네, 그래요.

track 3-3

에릭   주말에 제주도에 가요. 제주도에서 우리 뭐 할까요?
루카   저는 제주도에서 바다를 보고 싶어요.
후이   저는 제주도에서 흑돼지를 먹고 싶어요.
지원   저는 제주도 여기저기를 구경하고 싶어요.
에릭   좋아요. 우리 모두 다 해요.
루카   어, 커피를 다 마셨어요. 커피를 한 잔 더 마셔도 돼요?
에릭   그럼요. 주문해요. 저는 녹차를 한 잔 더 마시고 싶어요.
루카   저기요, 커피 하나, 녹차 하나 주세요.

track 3-4

아루잔   여기에서 사진을 찍어도 돼요?

지원   아루잔 씨, 공연장에서 사진 안 돼요.

아루잔   아, 그래요? 몰랐어요. 우리나라에서는 괜찮아요.

지원   한국에서는 박물관, 미술관, 영화관, 공연장에서도 사진은 안 돼요.

아루잔   그럼 음식을 먹어도 돼요?

지원   안 돼요.

아루잔   커피는요?

지원   안 돼요.

아루잔   오늘 저녁에 한국 친구 집에 가요. 한국에서 신발을 신고 방에 들어가도 돼요?

지원   안 돼요. 한국에서는 신발을 벗고 방에 들어가요.

아루잔   아. 그래요. 아, 이제 시작해요.

4과

track 4-1

지원   하루카 씨, 자전거를 탈 수 있어요?

하루카   네, 자전거를 탈 수 있어요.

줄리앙   퓨퓨아웅 씨, 수영할 수 있어요?

퓨퓨아웅 아니요, 수영할 수 없어요.

루카   에릭 씨, 축구를 같이 할 수 있어요?

에릭①   네, 축구를 (같이) 할 수 있어요.

에릭②   미안해요, 오늘 바빠요.
　　　　　축구를 (같이) 할 수 없어요.

track 4-2

지원   후이 씨, 떡볶이를 만들 수 있어요?

후이   아니요, 떡볶이를 만들 수 없어요.
　　　　　아니요, 떡볶이를 못 만들어요.

줄리앙   퓨퓨아웅 씨, 수영할 수 있어요?

퓨퓨아웅 아니요, 수영할 수 없어요.
　　　　　아니요, 수영 못 해요.

track 4-3

엄마, 책을 읽어 주세요.

창문을 닫아 주세요.

track 4-4

퓨퓨아웅 줄리앙 씨, 같이 노래방에 갈 수 있어요?

줄리앙   아니요, 미안해요. 저는 노래를 못해요. 그래서 가고 싶지 않아요. 스키장은 어때요? 저는 스키를 잘 타요.

퓨퓨아웅 미안해요, 저는 스키를 탈 수 없어요. 헬스장은 어때요?

줄리앙   좋아요. 지금 같이 가요.

track 4-5

아루잔   하루카 씨, 내일 우리 같이 운동할까요?

하루카   좋아요. 언제 운동할까요?

아루잔   아침 7시에 어때요?

하루카   미안해요. 저는 아침에 못 일어나요.

아루잔   그럼 제가 모닝콜을 해 줄까요?

하루카   아, 좋아요. 그럼 아침 6시 30분에 전화해 주세요.

아루잔   네, 그럼 내일 봐요.

track 4-6

지원   반갑습니다. 저는 지원입니다.
오늘 저는 오전 6시에 헬스장에 갑니다. 운동합니다.
오전 9시에 저는 학교에 갑니다. 저는 한국어를 가르칩니다.
오후 12시에도 한국어를 가르칩니다. 점심은 못 먹습니다.
오후 5시에 집에 옵니다. 그리고 저녁을 먹습니다.
오후 7시에 수영장에 갑니다. 저는 수영을 할 수 있습니다.
오후 9시에 잡니다.

5과

track 5-1

에릭   어제 뭐 했어요?
후이   어제 친구들을 만났어요.

안톤   왕페이 씨, 오늘 왜 지각했어요?
왕페이   오늘 늦잠을 잤어요. 그래서 지각했어요.

track 5-2

루카   아루잔 씨, 왜 모임에 못 갔어요?
아루잔   일이 너무 많아서 못 갔어요.

퓨퓨아웅   지원 씨, 왜 배고파요?
지원   아침에 밥을 못 먹어서 배고파요.

track 5-3

아루잔   줄리앙 씨, 어제 뭐 했어요?
줄리앙   어제 집에서 게임을 했어요. 게임을 밤 12시에 끝냈어요.

아루잔   12시요? 괜찮아요? 안 피곤해요?
줄리앙   피곤해요. 그래서 오늘 아침에 회사에 지각했어요.
아루잔   왜 게임을 오래 했어요?
줄리앙   너무 재미있어서 게임을 멈출 수 없었어요.

track 5-4

안녕하세요? 저는 지원이에요. 지난주에 저는 바빴어요.
월요일에는 친구를 만났어요. 같이 식당에 갔어요.
화요일에는 비가 와서 집에 있었어요. 집에서 청소했어요.
수요일에는 사진을 찍었어요. 저는 사진을 잘 찍어서 친구들 사진을 많이 찍어요.
목요일에는 쇼핑을 했어요. 여름 옷이 없어서 여름 옷을 많이 샀어요.
금요일에는 회사에 갔어요. 회사에서 일했어요.
토요일에는 명동에 갔어요. 명동에 있는 "한국식당"을 좋아해서 많이 가요.
일요일에는 집에서 쉬었어요.

6과

track 6-1

지원   후이 씨, 이번 주말에 뭐 먹을 거예요?
후이   이번 주말에 불고기를 먹을 거예요.

에릭   루카 씨, 내일 날씨가 어때요?
루카   내일 비가 올 거예요.

track 6-2

줄리앙   주말에 뭐 할 거예요?
후이   주말에 날씨가 좋으면 바다에 갈 거예요.

비가 오면 부침개를 먹을 거예요.

track 6-3

지원 오늘 뭐 할 거예요?
줄리앙 오늘 도서관에 가서 책을 읽을 거예요.

왕페이 어제 뭐 했어요?
아루잔 어제 친구를 만나서 커피를 마셨어요.

track 6-4

지원 오늘은 한국의 계절을 이야기할 거예요. 한국에는 봄, 여름, 가을, 겨울이 있어요. 봄에는 날씨가 따뜻해요. 그리고 꽃이 펴요. 날씨가 좋아요.
여름에는 더워서 사람들이 바다에 많이 가요. 그리고 한국 여름에는 비가 많이 와요. 가을에는 날씨가 쌀쌀해요. 겨울에는 날씨가 추워요. 그리고 눈이 와요. 눈이 많이 오면 눈사람을 만들 수 있어요.

track 6-5

하루카 아루잔 씨, 다음 주에 방학이에요. 방학에 뭐할 거예요?
아루잔 저는 방학에 한국 여행을 하고 싶어요.
하루카 와, 어디에 갈 거예요?
아루잔 저는 부산에 갈 거예요. 부산에서 바다를 보고 싶어요.
하루카 어? 그런데 다음 주에 비가 와요.
아루잔 네, 비가 오면 호텔에서 쉴 거예요. 하루카 씨는 방학에 뭐 할 거예요?
하루카 저는 방학에 고향에 갈 거예요.

7과

track 7-1

왕페이 어제 뭐 했어요?
아루잔 시험을 잘 보려고 공부했어요.

지원 졸업하면 뭐 하려고 해요?
하루카 졸업하면 일본에 가려고 해요.

track 7-2

퓨퓨아웅 하루카 씨, 어디에 가요?
하루카 미용실에 파마하러 가요.

허지원 퓨퓨아웅 씨, 주말에 뭐 할 거예요?
퓨퓨아웅 주말에 친구하고 영화를 보러 갈 거예요.

track 7-3

지원 하루카 씨, 방학에 뭐 할 거예요?
하루카 지원 씨, 저는 방학에 가족을 만나러 고향에 갈 거예요.
지원 이번 방학에 저도 일본에 놀러 가요. 일본에 친구가 있어요.
하루카 정말요? 그럼 우리 집에도 놀러 와요.
지원 하하, 고마워요. 그런데 친구의 가족을 만나려고 일본에 가요.
그래서 하루카 씨를 만날 수 없어요.

track 7-4

안녕하세요? 저는 한국 미용실에서 일하고 있어요. 오늘은 저의 하루를 이야기할 거예요. 오늘은 손님이 두 명 왔어요. 지원 씨, 아루잔 씨가 왔어요.
지원 씨는 머리를 자르러 왔어요. 그래서 단발 머리로 잘랐어요. 그리고 파란 색으로 염색도 했어요.

아루잔 씨는 생머리예요. 파마 머리를 하고 싶어요. 하지만 머리가 너무 짧아요. 그래서 오늘은 노란 색으로 염색만 했어요. 다음 달에 아루잔 씨는 파마 머리를 하러 올 거예요.

8과

track 8-1

하루카　이분은 누구세요?
지원　우리 어머니세요.

에릭　연세가 어떻게 되세요?
루카　쉰두 살이에요.

track 8-2

에릭　선생님께서는 지금 뭐 하세요?
루카　책을 읽으세요.

지원　가족이 모두 중국에 계세요?
왕페이　네, 모두 중국에 있어요.

track 8-3

① A: 몇 살이에요?
　 B: 스물세 살이에요.
② A: 나이가 어떻게 되세요?
　 B: 마흔다섯 살이에요.
③ A: 연세가 어떻게 되세요?
　 B: 쉰아홉 살이에요.

track 8-4

에릭　루카 씨, 가족이 어떻게 되세요?
루카　모두 여섯 명이에요. 할머니와 부모님이
　　　계시고, 누나와 남동생이 있어요.
에릭　할아버지는 안 계세요?
루카　네, 할아버지께서는 3년 전에 돌아가셨어요.

에릭　아...그럼 가족들은 모두 독일에 있어요?
루카　아니요, 할머니와 부모님께서는 독일에 계시고 누나는 저와 함께 한국에 있고, 남동생은 미국에 있어요.

9과

track 9-1

아루잔　약속 시간에 늦었어요.
　　　　우리 택시를 탈까요?
왕페이　지금 길이 복잡하니까 지하철을 타요.

루카　여자 친구에게 무슨 선물을 할까요?
후이　여자들은 꽃을 좋아하니까 꽃을 선물하세요.

track 9-2

아루잔　무슨 약을 먹어야 해요?
줄리앙　감기에 걸렸으니까 이 약을 드세요.

에릭　오늘 뭐 해요?
안톤　내일 시험이 있어서 공부해야 돼요.

track 9-3

하루카　저는 너무 뚱뚱해요. 살을 빼고 싶어요.
아루잔　그러면 햄버거를 먹지 마세요.

허지원　수영해도 돼요?
왕페이　감기에 걸렸으니까 수영하지 마세요.

track 9-4

1) 의사　어디가 아프세요?
　 환자　열이 나고 기침을 해요.

2) 의사　어떻게 오셨어요?
　 환자　이가 아파요.

3) 의사   어디가 아프세요?
   환자   넘어져서 다리에 피가 나요.

track 9-5

에릭   손 다쳤어요?
하루카   네. 어제 친구와 커피숍에 갔어요. 뜨거운 커피
        에 손을 데었어요.
에릭   괜찮아요? 병원에 갔어요?
하루카   아니요. 아파요. 그리고 어제 주말이어서 병원
        에 못 갔어요.
에릭   그럼 빨리 병원에 가세요. 아프면 꼭 병원에 가
        야 해요. 그리고 약도 먹어야 해요.
하루카   네. 고마워요.

track 9-6

퓨퓨아웅 아루잔 씨, 아파요?
아루잔   네, 몸살이 났어요.
퓨퓨아웅 열도 나요?
아루잔   아니요, 기침도 하고 콧물은 나요. 하지만 열은
        안 나요.
퓨퓨아웅 저도 지난주에 아팠어요.
아루잔   아...지금은 괜찮아요?
퓨퓨아웅 네, 지금은 괜찮아요. 병원에도 가고, 약도 먹
        었어요.
        그런데 아루잔 씨는 병원에 갔어요?
아루잔   네, 아침에 갔어요. 내일도 가야 해요.
퓨퓨아웅 오늘 일찍 집에 가세요. 잠도 많이 자고, 밖은
        추우니까 나가지 마세요.
아루잔   네, 고마워요.

10과

track 10-1

안톤   병원이 어디에 있어요?
루카   사거리에서 앞으로 쭉 가세요.

줄리앙   어디로 여행을 갈 거예요?
지원   미국으로 갈 거예요.

track 10-2

에릭   학교에서 집까지 어떻게 가요?
퓨퓨아웅 버스로 가요.

하루카   한국에서 베트남까지 얼마나 걸려요?
후이   비행기로 4시간쯤 걸려요.

track 10-3

줄리앙   어떻게 하면 한국어를 잘할 수 있을까요?
하루카   한국어를 잘하려면 한국 친구를 많이 사귀세
        요.

후이   제주도로 여행을 가려면 어떻게 해야 해요?
지원   먼저 비행기표를 예약해야 해요.

track 10-4

후이   줄리앙 씨 뭐 하세요?
줄리앙   비행기 표를 보고 있어요.
후이   여행 갈 거예요?
줄리앙   아니요, 방학에 고향에 가려고 해요. 방학에 프
        랑스에 가려면 비행기표를 지금 사야 해요.
후이   아~ 한국에서 프랑스까지 얼마나 걸려요?
줄리앙   비행기로 14시간쯤 걸려요. 후이 씨는 방학에
        뭐 하세요?
후이   저는 한국에서 공부하려고 해요.
줄리앙   아 그래요? 이번 방학에는 베트남에 안 가요?
후이   네, 다음 방학에 갈 거예요.

track 10-5

안녕하세요. 저는 퓨퓨아웅이에요. 저는 미얀마에서 왔어요.

저는 지금 한국에서 한국어를 배우고 있어요. 그리고 다음 달부터 한국 요리를 배우려고 해요. 오늘은 미얀마에서 친구가 왔어요. 친구는 강남역에 있어요. 저는 오늘 1시까지 강남역에 가야 해요. 집에서 강남역까지 가려면 1시간쯤 걸려요. 그래서 11시 반쯤 출발했어요. 버스를 타고 서울역에 갔어요. 서울역에서 4호선을 타고 사당역에 가서 2호선으로 갈아타고 강남역에서 내렸어요. 저녁에는 택시를 타고 집에 가려고 해요.

어휘 색인

5과

8과

BASIC
DAILY
KOREAN 2 English Version

초판 인쇄	2025년 1월 20일
초판 발행	2025년 1월 24일
저자	권민지, 김소현, 이소현
감수	허용
편집	권이준, 김아영
펴낸이	엄태상
표지 디자인	공소라
내지 디자인	더블디앤스튜디오
콘텐츠 제작	김선웅, 장형진
마케팅	이승욱, 왕성석, 노원준, 조성민, 이선민
경영기획	조성근, 최성훈, 김다미, 최수진, 오희연
물류	정종진, 윤덕현, 신승진, 구윤주
펴낸곳	한글파크
주소	서울시 종로구 자하문로 300 시사빌딩
주문 및 문의	1588-1582
팩스	0502-989-9592
홈페이지	http://www.sisabooks.com
이메일	book_korean@sisadream.com
등록일자	2000년 8월 17일
등록번호	제300-2014-90호

ISBN 979-11-6734-051-1 13710